AF314557

DES JOURNAUX,

A L'OCCASION

DU PROJET DE LOI

SUR LA PRESSE.

POST-SCRIPTUM, 18 février.

Les temps ne sont pas loin, où la censure était la loi de l'État, où les mauvais livres étaient brûlés, les écrivains bannis.

Et les Terray, les Maupeou, tombaient tous de même, voués à la risée, chargés de la haine, bientôt abandonnés par le mépris.

Et d'Holbach, Helvétius, tenaient les meilleures maisons de Paris; Voltaire, Rousseau, ravissaient la cour et la ville, dominaient l'esprit public.

Et les livres condamnés étaient expédiés franc de port, aux libraires de Versailles, dans le coffre de la voiture du garde-des-sceaux.

La loi proposée doit-elle être plus efficace? Ses défenseurs semblent en douter; car les uns sollicitent la censure, les autres se bornent à des lamentations.

La loi suscite l'irritation et promet la répression : si la répression est illusoire, il ne restera que l'irritation.

Et voyez contre qui s'élèvent les reproches, s'apprêtent les vengeances : contre la religion! la ruse se couvre de son manteau et la laisse dépouillée, nue, en butte aux outrages.

Voyez à qui la loi retourne en legs, au premier jour : à des ministres nouveaux! et ceux-là ne vous tromperont pas avec des mots : ceux-là se saisiront du glaive à deux tranchans, en useront à leur gré.

(Voir à la fin les extraits du *Catholique*.)

DES JOURNAUX

A L'OCCASION

DU PROJET DE LOI

SUR LA PRESSE.

Si le Ministre obtient le droit de donner ou de refuser arbitrairement l'autorisation aux journaux de paraître, il pourra user des moyens les plus contraires aux droits garantis à tous les Français par les articles 1 et 2 de la Charte. (*Discours de M. de Villèle,* *27 janvier 1817*).

PARIS,

A. PIHAN DELAFOREST,

IMPRIMEUR DE M. LE DAUPHIN ET DE LA COUR DE CASSATION,

des Noyers, n° 37.

1827.

Qu'on y prenne garde !

Depuis cinq ans, les délibérations législatives ont été trop souvent enlevées, au moyen d'un mal-entendu de la part des Chambres et d'un sous-entendu de la part du Ministre. Voici ce que vous votez, s'écrie le Ministre avant que le scrutin impose la loi : voilà ce que vous avez voté, dit le Ministre, aussitôt que la loi a passé sous le sceau. La différence n'est que du blanc au noir.

En veut-on des preuves ?

La loi sur les journaux donnait le pouvoir de refuser l'autorisation, afin de valider la suspension ordonnée par jugement. Et ce pouvoir n'a servi qu'à étouffer les journaux naissans.

La loi sur le provisoire avait pour motif d'assurer à la Chambre des Pairs, le temps d'examiner le budjet. Et cette intention n'a pas été encore remplie.

La septennalité devait garantir la stabilité du trône, la sécurité des peuples. Le trône a-t-il conquis des fidèles? les peuples ont-ils acquis le repos ?

L'indemnité était également distribuée, liquidait ses valeurs au pair, promettait un fonds de réserve. La contre-partie n'est-elle pas parfaite?

Le remboursement élevait le crédit public, baissait le

taux de l'intérêt. Est-ce parce qu'il a échoué que cela n'est pas?

La conversion réparait l'échec du remboursement, laissait l'amortissement aux vieux rentiers. Cela serait-il, quand même elle aurait mieux réussi.

Les canaux chantaient victoire, triomphaient du sol, se jouaient avec des cent millions. Il n'y aura bientôt plus d'écus, puis point de bateaux.

La mine de Vic fondait des usines, creusait des canaux, vivifiait l'Est de la France. Il y a un puits inondé, un puits creusé.

Saint-Domingue versait nombre de millions, accroissait le commerce. Il faut réduire les versemens au cinquième, l'accroissement à néant.

Tout fut rêve; pas un mot qui n'ait été emporté par le vent! Pas une promesse, pas une espérance qui n'aient été trahies par les actes et par les faits!

Et il y a toujours du rêve dans les airs : certains esprits ne se repaissent que de cet aliment, ne respireraient pas à l'aise, si l'atmosphère cessait d'en être imprégné.

Voici du nouveau. On prétend établir un service quotidien, sur des routes où passent à peine quelques lettres, quelques journaux. La dépense est immense, est constante; le profit est mesquin et douteux : cela fait du grandiose, c'est le genre.

Il faut engager l'affaire, et à cet effet il est jugé à propos d'affirmer, qu'un tel bienfait ne serait pas trop payé par un sacrifice de trois millions et demi, que ce sera le dernier terme de la prospérité commerciale.

Or, le *bienfait est grand* au moins quant à son prix ; seu-

lement sera-t-il aussi grand dans ses profits? Et les moyens
inventés pour fournir le prix, ne sont-ils pas encore mieux
appropriés à détruire les profits? Par exemple, s'il n'y
avait pas une lettre de plus, s'il y avait des journaux de
moins, le bienfait ne consisterait plus que dans le prix
à payer.

Ce sera *le dernier terme de la prospérité commerciale*.
Rien n'est plus vrai, au cas que la prospérité commerciale parvienne au dernier terme, au moyen des nouvelles
communications quotidiennes; rien ne serait plus faux,
dans la supposition que les communications actuelles
étant en rapport, avec les besoins existans, il ne fût fait
aucun emploi des nouvelles, à l'avantage de la prospérité
commerciale.

Mais il a été dit à la tribune, qu'un tiers des journaux
se distribuait dans Paris et la banlieue, qu'un tiers de la
recette brute des postes provenait de l'aller et du retour
de Paris. Quelle absorbante, quelle dévorante cité! ses
huit cent mille habitans, le quarantième de la population
du royaume, entrent pour un tiers dans la circulation
générale : les relations de chaque Parisien, vis à vis de
celles de chaque Français, sont comme vingt à un.

On est en droit d'en induire ce que le ministre était en
devoir de faire connaître, que les anciennes communications quotidiennes, qui traversent toutes les régions
opulentes, sont chargées des neuf-dixièmes des journaux
et des lettres, d'où il suivrait que les nouvelles n'exci-
teront qu'un mouvement minime, ne rapporteront qu'une
recette minime; et sauf la gloire de faire claquer le fouet
tous les jours sur toutes les routes, il se pourrait que la

prospérité commerciale eût profité davantage en doublant les courriers sur les routes importantes.

Suivant le calcul des probabilités, le résultat de la loi se bornera en valeurs effectives :

1° A la dilapidation de trois millions.

2° A la dégradation des routes.

3° A la consommation des attelages.

Sans doute ces choses étaient connues du ministre. Il n'est pas homme à s'imaginer que dès l'instant où les malle-postes courraient par monts et par vaux, où les journaux seraient enrichis d'une alonge, la matière à transporter et à transcrire viendrait s'offrir en due proportion ; et s'il se tait à cet égard, cela prouve, non pas qu'il n'en savait rien, mais plutôt qu'il le savait trop bien. Un habile joueur ne laisse jamais voir le dessous des cartes.

C'est en dehors des paroles officielles, c'est à l'aide de quelques mots échappés par hasard que nous serons mis sur la voie pour parvenir à la découverte des motifs réels qui ont dicté le projet.

« Serions-nous donc déja arrivés à ce point, que la défense légitime ne fût pas permise sur ce sujet ; et la liberté de la presse scrait-elle déja chez nous un tyran assez ombrageux pour ne pas permettre de répondre aux argumens qui sont portés à cette tribune. (*Etoile*, *mot à mot.*)

Ce beau mouvement d'indignation contre une liberté qui serait un tyran, en dit plus, attendu que la candeur surmonte ici la finesse, que tout ce qui a été dit à la

(7)

Chambre des Députés et sera dit à la Chambre des Pairs.
Il faut s'en tenir là.

Eh bien! tant de tracas de bureaux, tant de fracas
de grands chemins, et cette surtaxe des lettres sur les
routes où il y a de la vie, cette surcharge de voitures sur
les routes où tout est mort, puis cette perte pour le
trésor, pour les peuples, de trois millions annuellement,
de huit billets de mille francs quotidiennement, à quoi
cela aboutit-il?

Cela aboutit à motiver la demande d'un impôt de dix
francs par journal et à forcer l'emploi du format grand
in-folio, mesures merveilleusement concordantes, mesures efficacement tendantes à la réduction du nombre
des abonnés, du nombre des journaux.

Cela aboutit, graces à l'auxiliaire du timbre qui vient
au secours du tarif, à mettre les journaux sous la main
du ministre, lequel se sentant d'autant plus enhardi par
l'adoption de ces deux mesures, se reposant sur la vali-
dité d'un droit consacré par la prescription, ne manquera
pas de refuser constamment l'autorisation aux nouveaux
journaux et se portéra à contester la déclaration imposée
aux anciens journaux, puis à entraver le service du
transport par la poste, à prohiber l'envoi des journaux
du soir, s'ils étaient indépendans.

Et par suite le ministre acquiert le droit de vie et de
mort sur les journaux; par suite il n'existe bientôt plus
de journal libre, car qui a la force en fait usage, qui
veut la fin veut les moyens.

Qu'on y prenne garde!

LE premier ministre disait en 1822.

« Les pouvoirs consacrés par la Charte, seraient
« compromis si les journaux étaient remis à la
« discrétion de l'un d'entre eux... L'article 1er n'a
« été mis dans la loi que comme moyen d'exé-
« cution de la précaution fondamentale qui a été
« admise dans l'article 5... Je m'explique ; cet
« article fournit le seul moyen efficace de répres-
« sion, par la suspension et la suppression des
« journaux dans les cas que l'article 5 a prévus. »
(*Débats* 9 février.)

Le ministre de l'intérieur ajoutait :

« On a dit que grace à la combinaison de l'ar-
« ticle 1er avec l'article 5, il ne resterait bientôt
« plus aucun journal de l'opposition : apparem-
« ment, on ne compte pas beaucoup sur la géné-
« rosité du gouvernement.

Voilà la loi telle qu'elle était entendue et trans-
mise par le ministre, telle qu'elle fut comprise
et adoptée par les chambres, telle qu'elle est loi.

Et pour lors, le bon sens du ministre semblait

être en harmonie avec le droit sens de la loi.

« S'il ne restait que deux journaux, disait-il,
« il y en aurait un dans le sens de l'opposition...
« En réduisant le nombre des journaux, vous
« concentrerez les abonnemens, vous ne dimi-
« nuerez pas le nombre des lecteurs. »

Or, comme deux journaux exerçaient une influence prééminente, disposaient d'une immense
autorité; l'intérêt, d'accord avec le devoir, com-
mandait au ministre de favoriser les entreprises
rivales, de les protéger en quelque sens que ce
fût, même de leur appliquer l'emploi de ces fonds
enfouis dans des achats honteux (1).

Ni l'intérêt ni le devoir n'ont été écoutés, et
maintenant que les périls épouvantent, on vient
requérir de ces pouvoirs qui *seraient ainsi compromis*, que les journaux soient *remis à la discrétion* de l'un d'entre eux : ne voyant pas que des périls, déja pressans sans doute, se transformeraient
en des périls plus imminens encore; ne voyant
pas que le pouvoir qui, sans crainte de compro-
mettre les autres pouvoirs, prétend mettre à sa
discrétion les journaux, se compromet lui-même,
vis à vis de ces pouvoirs; se met lui-même à la
la discrétion, non pas des journaux qui cesse-

---

(1) Voir la brochure intitulée *Le Ministre,* page 19.

raient d'exister, mais de l'opinion qui, comprimée dans un de ses organes, ne tarderait pas à faire explosion.

Plutôt que de trembler devant les dangers qu'on a créés, plutôt que de rechercher quelque talisman qui garantisse de toute frayeur future, il eût été plus expédient de se faire représenter la minute originale de la loi de 1822, conservée, sans doute, dans le carton où elle fut déposée; de se faire retracer par quelque ami fidèle, l'arbre généalogique de ses propres pensées, en s'arrêtant au rameau déja flétri de 1822.

La loi, telle qu'elle fût enfantée dans ces temps, trop tôt sortis de la mémoire, par le même génie qui entre de nouveau en travail et nous menace d'une conception monstreuse; la loi, telle qu'elle fut tant convoitée, existe. Il ne manque que d'en tenter l'essai, que de la soumettre à l'épreuve. Et jusques-là, nul ne peut dire s'il faut l'abolir, comment il faut la remplacer.

Le sens de la loi et le discours du ministre concordent en ces deux points, que l'article 5, concernant l'accusation de tendance et le droit de suspendre, de supprimer, a été admis au titre de *précaution fondamentale;* et que l'article 1er, relatif à l'autorisation des nouveaux journaux, n'a été mis que comme *moyen d'exécution.* Ce sont les paroles sacramentales; c'est le dogme.

Mais, dans la pratique, en dépit de la *générosité du gouvernement* sur laquelle on a trop compté, la précaution fondamentale a été à peu près tenue en oubli, tandis que le moyen d'exécution a été de plus en plus mis en action : Les journaux au lieu d'être suspendus ou supprimés, ont été étouffés, par le refus d'autorisation; l'article 5 qui faisait le fond de la loi s'est vu éliminé de la loi, et l'article 1er qui n'était que pour la forme dans la loi, a constitué toute la loi.

Puisque la pratique a opéré à rebours du dogme, le dogme prescrit d'opérer à rebours de la pratique.

Avant la loi temporaire de 1820, la faculté d'établir un journal existait de plein droit, sauf l'exécution de certaines formalités, de même que pour les pamphlets. C'est la loi de 1822 qui en a soumis l'exercice au pouvoir du ministre en même temps qu'elle restreignait les actes de ce pouvoir sous des conditions expresses, sous des limites fixes, en dehors desquelles le pouvoir conféré s'éteignait, s'évanouissait.

Que la faculté et le pouvoir rentrent enfin sous la règle; celle-là jouissant du droit naturel d'établir tel journal qu'il plaira; celui-ci exerçant le droit formel d'empêcher qu'aucun journal suspendu ou supprimé soit rétabli. L'arbitraire a occasioné le mal, la règle rétablira le bien.

Les autorités abondent en preuve de cette urgente nécessité des choses.

« L'opinion publique a été constituée en puis-
« sance ; cette puissance a pour trône les deux
« tribunes, et pour milices les journaux. Les jour-
« naux sont ses mandataires permanens et ses
« gardiens ; elle n'a souvent pas d'autre organe,
« d'autre force . . . . Le monde entier a ses
« gazettes : esclaves sous les gouvernemens ab-
« solus, libres partout où il y a liberté dans les
« lois, partout instituées comme des tribunes qui
« suppléent à l'absence des tribunes politiques. »
(*Débats*, 24 janvier.)

« La France possède encore une masse d'in-
« telligences et de lumières, intéressée à com-
« battre la puissance excessive du journalisme.....
« Ce qu'il faut, c'est une aristocratie de journaux
« assez forte pour étouffer cette puissance oppres-
« sive, pour la liberté et l'ordre social.... ....
« Le moyen est l'abolition du privilège qui fait
« des journaux actuels une oligarchie puissante :
« déclarez que tous rentrent dans le droit com-
« mun. » (*Drapeau Blanc*, 28 janvier.)

Les *Débats* ont exposé le principe ; le *Drapeau Blanc* en a tiré les conséquences, et ce sont des vérités de fait, des réalités. On peut gémir de ce qu'elles soient ; mais on ne peut empêcher qu'elles ne soient. Les États ainsi que les individus sont forcés de s'accommoder aux conditions successives de leur existence : le déclin, le décès menacent, atteignent également les uns et les autres. Il faut se résigner, il faut supporter le risque, puis subir le coup.

Les faits ont assez montré et démontrent de plus en plus comment les futiles révoltes de la vanité ne tendent qu'à précipiter le cours du mal.

« Il n'y aura plus que quatre journaux indé-
« pendans ; c'est pour ces quatre seuls interprètes
« des diverses opinions que toute une législation
« sera conçue. » (*Débats.*)

« Le *Journal des Débats* sera un organe qui
« parlera d'autant plus haut : la loi nouvelle le
« portera sur un piédestal. Mais une puissance
« bien plus prononcée sera celle du *Constitution-*
« *nel;* celui - là fait journellement sa cour au
« peuple qu'il mène comme un enfant. » (*Drapeau Blanc.*)

Est-ce là ce qu'on veut ? Non ; car c'est là ce qu'on fait, et depuis plus de cinq ans, par une fatalité constante, on veut ceci, on fait cela.

Et déja cela se fait, déja cela est. *L'Aristarque* et *le Drapeau Blanc* ont disparu au premier souffle de la tempête ; et *la Quotidienne* attristée, qui recueille en ses foyers leurs abonnés dispersés, n'est pas à l'abri des injures du sort : un trop fragile fil retient l'homme sur le penchant de l'autre vie. Avant le temps peut-être, ces fibres de nature si délicate, qui, tant de fois attaquées aux points les plus sensibles, n'ont jamais répondu que par un frémissement de douleur, auront cessé de répondre.

Pour lors, que resterait-il à la monarchie? au ministère? — A celle-là les *Débats ;* à celui-ci, cette bande de journaux forains dont le plus en vogue semble ennuyé du métier, qui donnent des représentations gratis, appellent les gens à son de trompe et pourtant déclament entre quatre murailles.

Mais de meilleurs conseils sont dictés; on aspire à supprimer ces ombres de journaux qui encore ne se nourrissent pas de l'air du temps. Au fait l'opération ne valait rien. Jeter dans l'abîme une masse de deux ou trois millions et s'astreindre à les arroser annuellement au moyen de quatre ou cinq cents mille francs, c'était pis que de placer à fonds perdu. Au moins la rente n'a été acquittée que pour les termes échus. On va s'en affranchir.

Puis on avisera à traduire en justice, pour fait de tendance, les *Débats* et le *Constitutionnel*, à les faire condamner tant que mort s'en suive. Ce ne sera qu'un jeu; l'esprit des Cours Royales est bien connu. Graces au ciel, il ne sera besoin d'instituer ni commissions à la Richelieu, ni tri-

bunaux à la Bonaparte, pas même de Cours pré-
votales.

Est-ce ainsi qu'on l'entend? ou plutôt s'entend-
on soi-même? se fait-on quelque idée un peu
nette, un peu fixe de ce qu'on veut, de ce qu'on
peut, de ce qu'on doit? Ce serait chose importante, car en lançant la foudre au hasard, qui sait
si elle frappera à droite ou à gauche?

Enfin, veut-on, peut-on, doit-on anéantir
les journaux, intercepter toutes communications
intellectuelles, opérer un vide absolu entre les
esprits, entre les ames? — L'imagination embrasée
où pourrait éclore ce fatal projet, d'un mot sera
glacée d'effroi.

Sans journaux, supposez un ministre qui tra-
hisse son maître; que devient le roi, à moins
qu'une conjuration ourdie en silence ne prenne
les armes, ne monte à l'assaut du trône, ne ra-
visse la couronne, avec la tête sacrée sur laquelle
elle reposerait encore.

Sans journaux, supposez quelque émeute dans
l'intérieur, quelque révolte au dehors, un revers
militaire, une famine prolongée, une cause quelconque de troubles; où en est la France, épar-
pillée et divisée, ébranlée et indisposée?

Mais Paris garderait des journaux ou imprimés,
ou lithographiés ou manuscrits, et Paris écrirait,
Paris dominerait, Paris perdrait le royaume.

« Eh bien ! s'écrie un homme qui fait tant d'hon-
« neur à la France et qui s'est fait tant d'honneur
« à lui-même, on aura étouffé la presse pério-
« dique, mais on se trouvera en face des intérêts
« vivans de la France ; l'industrialisme domine ;
« la révolution a formé une population puissante ;
« les pères retireront leurs enfans des écoles et
« les nourriront, sous le toit paternel, des opi-
« nions de la révolution. Quel remède à cela ! il
« n'y a ici rien à supprimer, rien à prévenir. »
(*Drapeau blanc.*)

« Faux amis de la liberté, qui déshonorent son
« nom sacré, en protégeant la licence; faux amis
« de la presse, qui la perdent par l'abus qu'ils en
« font; faux amis des peuples, en tarissant, dans
« la main des rois, la source des biens qu'ils
« étaient prêts à épancher; faux amis de la jeu-
« nesse, en flattant ses passions, en la poussant
« dans les abîmes où tant de générations se sont
« perdues; faux amis des rois, enfin, en leur ca-
« chant qu'ils ne peuvent plus être grands que par
« le règne des lois, en prêchant l'absolutisme,
« dont le Midi de l'Europe nous montre les déplo-
« rables effets...

« Voilà donc quels sont aujourd'hui les guides
« auxquels il faudrait abandonner nos destins,
« qui, se créant de leur propre autorité, puis-
« sance dans l'État, ont la prétention d'être les
« seuls interprètes de l'opinion publique. »

Tel est le sens des paroles d'un noble duc, et
tel est le fond de la pensée d'un grand nombre de
personnes. L'aspect du mal les frappe, les trouble :

les plus noirs souvenirs se transforment pour eux en présages certains ; le passé et l'avenir confondus, pèsent d'un double poids sur leur imagination.

Prenons les faits pour constans, pour avérés. Ce serait œuvre trop vaine que de prétendre refouler le sentiment et réformer la manière de voir. Il est déja assez difficile d'éclairer la pensée, de modifier la manière d'agir, de déterminer à suivre les voies, qui, seules, peuvent mener au but qu'on se propose.

Le mal est donc manifeste. Il faut chercher s'il existe un remède radical qui l'attaque de front et le dompte en son principe même ; ou, s'il n'y a que des remèdes palliatifs, qui le tournent pour ainsi dire, qui en atténuent les effets, en arrêtent les progrès.

En deux mots, pouvez-vous tuer les journaux, les anéantir d'un seul coup et à jamais ? tuez les sur le champ. Dans le cas contraire, la médecine donne l'exemple à la politique : on la voit souvent, au lieu d'employer des remèdes violens, pour faire évacuer le poison, prendre le parti de le neutraliser dans l'organe où il a pénétré, quand même ce serait au moyen d'un poison antagoniste.

Pouvez-vous enclouer les esprits ? enclouez vite, et rivez à demeure. Sinon, tentez de distraire l'attention, de fournir des sujets de diversion, de jeter dans l'embarras de la réflexion : augmentez, multipliez le nombre des journaux, qu'il en sorte du coin de chaque borne, et que le vent les emporte, les éparpille en tous lieux.

On compte des centaines de journaux en Angleterre, en Amérique ; et, s'il faut croire M. Jefferson, deux fois cité dans l'*Étoile*, leur ton n'est pas fort réservé. Voyez cependant si les deux nations s'en trouvent si mal ; voyez comment la multiplicité des trompettes discordantes empêche que le son d'aucun de ces magiques instrumens devienne dominant ?

Soit que les journaux exercent ou subissent l'influence, c'est sur la souche de l'opinion publique qu'ils sont implantés, qu'ils végètent tristement ou s'élèvent avec orgueil ; et la somme limitée d'énergie, la quantité fixe de sève qui lui sont propres, se répartissent entre eux, se divisent d'autant plus en raison du grand nombre. On pourrait même dire qu'en France, la souche de l'opinion publique vieillie avant le temps, par la contrariété des saisons, allait cesser de donner des signes de vie, si la hache mal avisée n'était venue l'attaquer coup sur coup, la blesser jusqu'au vif.

N'irritez plus l'opinion ; permettez d'imprimer, à moins que vous ne prohibiez aussi d'écrire, de parler, de penser. Dès lors l'humeur s'éteindra

faute d'alimens : et c'est l'humeur contre le gouvernement qui donne de l'attrait pour l'opposition;
c'est la haine de plus en plus aigrie par les actes, qui
se délecte à critiquer, à blâmer, à maudire. Laissez tomber l'humeur : dans l'ame alors rendue au
calme, l'ennui, le dégoût ne tarderont pas à percer,
à dominer; il faudra que les journaux changent.

Et ne voyez-vous pas quel effet doit en résulter,
alors que dans l'action des talens et des influences,
en place de la concentration actuelle, il y aura
diffusion, dissémination; alors qu'au lieu de quelques voix qui parlent de haut et chacune à ses
gens, il y aura entre un grand concours d'accens
moins prononcés, discordance et cacophonie?
L'usage est général de lire les journaux de tous
les partis; d'autant que le nombre en augmentera,
un jugement sera plus difficile à porter, et les erreurs de fait ou de sens seront plus faciles à reconnaître.

Apprenez le mot. En fournissant la pâture à foi-
son, cette faim dévorante passera aussitôt, ou du
moins l'appétit, ayant le choix libre parmi tant
de mets, deviendra plus délicat.

Mais comment se fait-il que des êtres doués de
quelque sens, ne soient pas frappés de ces notions
si simples, si claires, n'y soient pas ramenés par
les dures leçons de l'expérience, après avoir mé-
prisé les conseils de la sagesse?

Comment se fait-il que l'esprit de colère et de vengeance, ne s'aperçoive pas que la mise en liberté de la presse périodique, tend plus que toute mesure fiscale à diminuer la puissance, à réprimer les écarts des feuilles de l'opposition?

Dupont de Nemours nous en a révélé le secret, dans un charmant écrit intitulé : *Pourquoi les Chemins sont tortueux?* C'est que l'homme ne voit qu'à ses pieds, et sitôt qu'il rencontre un obstacle, se jette de droite ou de gauche, le plus indifféremment du monde. Voyez plutôt les sentiers pratiqués dans un champ fraîchement labouré.

Il faut tâcher de rentrer dans la droite voie, quelque difficile qu'il soit de s'y tenir.

Or, la droite voie est tracée par la bonne foi et s'ouvre à la liberté : non pas qu'il soit question ici de l'extension plus ou moins grande de la liberté chez les peuples, mais seulement de la répartition égale de la liberté entre les individus.

La liberté relative est commandée par la justice, constitue la justice même : elle ressort de l'ordre moral plutôt que de l'ordre politique ; elle tient à l'administration plutôt qu'aux institutions : on la trouvait dans l'ancien régime, sauf sur quelques points isolés ; on la trouve en Prusse, en Autriche, de même qu'en Angleterre.

Et, chose étrange ! d'autant la somme de liberté absolue est considérable, d'autant la part attribuée à chacun est rarement proportionnelle. La révolution en a donné la preuve la plus éclatante; la restauration en a laissé des traces, dans le monopole des charges à cautionnement, dans le privilège exclusif des boutiques urbaines, etc.

Eh bien! il y a monopole dans l'état actuel des journaux. Un privilège exclusif leur est concédé par le fait, leur est garanti au moyen de cette barrière de prohibitions que le ministère tient fermée au devant de toute concurrence.

Quant à satisfaire la justice, quant à rétablir la balance de liberté relative, il ne se présente que deux moyens : soit d'expulser violemment ceux qui se sont introduits dans la lice, et s'y maintiennent sous l'égide du temps; soit d'abattre le pont-levis et de donner entrée à tous ceux qui rempliraient les conditions légales. Le choix est-il fait?

Sans doute, tous les journaux partagent les nobles sentimens exprimés dans la *Quotidienne* et les *Débats*.. « Nous avons déja payé le tribut de nos
« regrets au *Drapeau Blanc*. C'est une perte vé-
« ritable pour le royalisme que la cessation d'une
« feuille qui défendait chaque jour, avec noblesse,
« les saines doctrines de la monarchie... Quant
« à la suspension du *Drapeau Blanc*, nous la re-
« gardons comme un malheur; nous ne sommes
« pas de ceux qui ne veulent la liberté que pour

« eux-mêmes... Nous regrettons bien vivement
« qu'il y ait déja deux interprètes de moins, à
« des opinions politiques dont nous n'étions sé-
« parés que par des nuances. »

Et peut-être s'aperçoivent-ils maintenant qu'en
se rangeant sous la bannière des libertés publiques,
en se ralliant autour des autels privilégiés de l'intérêt social, ils auraient appelé à leur aide des
auxiliaires imposans, et privé l'ennemi de l'usage
de ses armes accoutumées.

Mais l'intérêt particulier des journaux existans
serait à peine lézé : car si les taxes actuelles
sont maintenues, il y a peu à craindre des entreprises rivales; et, si elles étaient abolies, la
circulation augmenterait d'emblée à leur profit,
au lieu qu'il faudrait bien du temps, bien des
frais, avant qu'un nouveau journal obtînt quelque succès.

Déplorable réflexion qui devrait faire rougir
de honte ceux qui s'obstinent à refuser toute autorisation d'établir un journal, en même temps
qu'elle ne laisse qu'une espérance fort éloignée à
ceux qui reconnaissent l'absolue nécessité de la
concurrence.

Par le temps qui court, les chiffres sont posés
et les faits exposés en une telle manière, qu'il
n'y a rien dont il faille autant se défier que des
chiffres alignés et des faits allégués. Ainsi le mi-

nistre a prétendu que le capital d'un journal étai^t légitimement exprimé par le chiffre de trente mille francs, tandis que la mise de fonds d'une certaine feuille libérale, s'est élevée à 4 ou 5oo mille francs, avant que les profits aient répondu à tant d'avances.

Il n'est point d'entreprise qui requierre plus de temps et de frais, plus de peines et de soins, que l'établissement d'un journal; point d'entreprise qui soit aussi décriée, aussi mal famée, sous le rapport de la spéculation. Faites publier à la bourse qu'un journal est sur le point d'être enfanté, avec l'assistance de trente mille francs pour payer les frais d'accouchement, pour subvenir à la première nourriture : et attendez les chalands.

Que la simarre se rassure donc: c'est à la chose publique de trembler.

Sous le *laissez passer* de la loi, ceux-là même qui ne reconnaissent qu'un journal vraiment roya-liste, et qui conséquemment sont tourmentés par le risque de le perdre quelque jour, qui consé-quemment sont impatiens de voir s'y adjoindre un auxiliaire fidèle, n'auront que des espérances bien vagues pour la réalisation de leurs vœux les plus chers.

Et des chances encore plus incertaines seraient destinées à ceux dont l'ambitieux désir oserait ap-peler la création d'un journal, qui s'insinuât dans

le vide élargi de plus en plus, entre les deux co-
lonnes primordiales du royalisme, et peut-être,
en prenant du développement, parvînt, avec le
temps, à les accoster l'une et l'autre, à les raccorder l'une avec l'autre; d'un journal qui n'é-
tant point dominé par un système exclusif, n'étant
point engagé envers un parti politique, tendît à
concentrer dans un foyer central les rayons di-
vergeans de lumière, à coordonner autour du
noyau de l'ordre social, tant d'intérêts qui s'en
écartent, tant de passions qui le froissent; d'un
journal dans lequel il fût donné accueil à telle
ou telle opinion née au sein de l'esprit monarchi-
que, et bien qu'aussi pure en principes que toute
autre, plus analogue au mouvement des esprits,
plus sortable dans l'état des circonstances, en un
mot, plus susceptible d'être mise en pratique;
d'un journal enfin pour lequel semble avoir été
formé cet homme remarquable qui s'est retiré intact, de la plus rude épreuve; cet homme dont le
caractère est merveilleusement approprié à faire
valoir le talent, et le talent à faire valoir la vérité.

Ici c'est un besoin, c'est un devoir de dire,
puisque personne n'en prend la charge, et par
cela même que tant d'esprits en seront révoltés, de
dire ce qui sera pris pour une folie par les uns,
pour une sottise par les autres, ce qui même, dans
l'opinion des gens sensés, pourra être considéré,

au premier aspect, comme un vain paradoxe ; de dire que si la liberté pleine et entière n'était pas garantie à l'émission des nouveaux journaux et à la circulation des anciens, sous des conditions fortement amendées, à l'égard du tarif, du timbre, du cautionnement, il vaudrait mieux rétablir la censure : et que si l'option était inévitable entre cette liberté accompagnée de la censure et un système restrictif dégagé de la censure, il faudrait faire choix du premier mode.

Car en ne jugeant la question que sous le rapport des intérêts religieux et monarchiques, la censure, quelque rigides que pussent être les prescriptions imposées par le ministère ; en premier lieu, serait contenue par la tendance générale des lois, par l'influence naturelle du trône, à l'égard des principes concordant avec ces éminens intérêts ; en second lieu, serait adoucie, par l'instinct de pudeur et la crainte du ridicule, dont les Français sont surtout susceptibles, à l'égard des opinions qui uniraient la loyauté à la hardiesse.

Pour mettre en un jour éclatant, de sorte à frapper tous les esprits, le parallèle de ces deux ordres de choses, il ne manque que le temps.

La méthode de Descartes est honnie plus que jamais : on se garde bien de faire table rase de ces bâtisses sans nombre qu'ont élevées quelque hasard ou quelque caprice, et dont est encombré le terrain où devrait se construire l'édifice social ; en y portant le marteau, on semble craindre d'être enfoui sous les ruines. La pratique fait loi ; l'usage donne droit ; la routine porte justice.

C'est la fiscalité surtout qui met à profit cette disposition générale des idées. Partout où elle s'est ingérée, l'esprit ne se hasarde point à pénétrer : personne encore n'a pris la peine de considérer la nature du tarif des journaux, du timbre des journaux.

Au sujet du tarif, il convient de mettre en tête des argumens les principes qui ont été émis dans le rapport sur la poste aux lettres, par l'homme le plus habile dans la science de l'économie politique. « La rapidité des communications exerce la plus grande influence sur le bien-être du monde. »

Telle est la vérité pure et nette ; vérité qui est

saisie, qui est sentie par tous les partis, comme on peut en juger par les efforts de chacun d'eux pour s'approprier le bénéfice de la rapidité des communications et pour en priver ses adversaires. Car il faut bien entendre que dans le projet sur la presse, la vue capitale est de monopoliser, au profit des journaux ministériels, la grande influence qu'elle exerce.

Les principes consignés dans le rapport sont de toute justesse. La civilisation, à la fois effet et cause, n'existe qu'en proportion des communications entre les hommes ; le mouvement de la circulation est essentiel à la vie sociale autant qu'à la vie organique : et l'état moteur analogue au cœur est tenu à remplir les mêmes fonctions, à maintenir le cours rapide et constant de la circulation. L'État devrait considérer le service de la poste aux lettres à l'instar de celui de l'instruction publique, dont le bilan spécial se balance justement en recette et en dépense ; étant bien certain d'être le premier gagnant, sous le rapport moral, par la fréquence des relations ; sous le rapport fiscal, par l'accroissement des affaires.

Tant que la poste sera organisée en une telle manière, qu'au moyen de son privilège il s'effectue un appel forcé à la matière imposable, et qu'après s'en être ainsi saisie, il est exercé sur cette matière, le droit qu'il plaît de fixer, la poste

aux lettres constituera l'impôt le plus arbitraire
et le plus vexatoire, l'impôt le plus nuisible à
l'ordre social.

Il est facile de tirer de cet axiome, le corollaire
relatif aux journaux, lequel s'opposerait à l'éléva-
tion du tarif, et même prescrirait de réduire le tarif actuel. On peut mentionner à l'appui, l'exemple
de l'Angleterre, trop souvent cité hors de propos :
car les journaux y possèdent la liberté de choisir
entre toutes les voies de transport et de traiter
avec la poste à prix défendu.

Au sujet du timbre, il se présente des considé-
rations d'une autre sorte. Et d'abord sous ce
point de vue, aucune analogie ne se rencontre
entre la France et l'Angleterre ; attendu qu'en ce
dernier pays c'est à la manière d'un réseau que
le système des contributions indirectes s'étend
sur l'universalité des transactions sociales, en
sorte que, pour conserver le niveau entre les différens intérêts, il importe que nulle d'entre elles
n'en soit exempte ; attendu qu'en outre de la ri-
chesse circulante parmi les classes moyennes qui
leur rend la charge imperceptible, les journaux
s'y débitent par numéros détachés, sans abonne-
ment fixe et s'y débitent davantage en raison des
annonces, que des nouvelles politiques.

Au reste, qu'est-ce qu'un journal, sinon une
série de brochures quotidiennes ? et le timbre sur

les brochures n'a-t-il pas révolté tous les esprits ? n'a-t-il pas soulevé l'opinion la plus impartiale jusqu'en ses entrailles ?

Qu'est-ce autre chose qu'une correspondance plus étendue, plus fréquente ? Et sous prétexte de sa différente nature, existerait-il quelque tête perdue qui fût tentée d'apposer un timbre à la correspondance des banquiers et des négocians avec l'attention délicate d'en fixer le tarif en raison de l'importance présumée ?

Qu'est-ce autre chose qu'une correspondance imprimée au lieu d'être manuscrite ? Et comme l'emploi de la langue aboutit aussi à transmettre la pensée à un plus grand nombre d'individus, existerait-il quelque cerveau brûlé qui pût comploter de taxer les discours prononcés dans les chaires d'instruction, les paroles déclamées sur le théâtre ?

Mais il faut au moins un cautionnement ? Oui, il en faut un, sans doute. Et qu'il soit exorbitant; car la loi actuelle est restée fort en arrière; qu'il monte à un million et ne porte point d'intérêts ; il le faut ainsi, pour peu qu'on n'aspire qu'à étouffer à leur naissance les feuilles royalistes, qu'à gratifier d'un surcroît d'embonpoint les feuilles libérales.

Voici comment s'exprime un écrivain dont l'opinion n'est pas suspecte : « Il est douteux que le parti royaliste ait assez de volonté pour soutenir la *Quotidienne*..... S'il est de l'intérêt du parti libéral de maintenir le *Journal du Commerce* et le *Courrier*, il le fera..... Là où règne un intérêt de parti aussi puissant, il se trouve aisément des fonds. » (*Drapeau blanc.*)

Pauvres gens! ils ne savent ce qu'ils font parce qu'ils ne voient pas ce qui est : et ils ne veulent point voir, point savoir. Avez-vous épousé un parti? n'êtes-vous inspiré que par vos passions, par vos intérêts? Il semble fort naturel qu'une telle cause vous enflamme; tout vous sera permis. Mais si quelque fatal sort vous enchaîne au bien public, vous condamne à dire la vérité, vous expose à avoir raison, tremblez! c'est prendre le seul mauvais parti. Vos paroles fatiguent les oreilles. Il n'y aura qu'un cri contre vous.

Toutefois, cela n'empêche pas que le cautionnement se résout en une prime liée avec une taxe, celle-là en faveur du libéralisme, celle-ci au détriment du royalisme. Cela n'empêche pas que le cautionnement est inutile pour garantir la rentrée des amendes; car un fort journal ne fait pas faillite pour un paiement de vingt mille francs, et le plus faible, s'il ne peut y satisfaire, sera plus puni encore, mieux corrigé surtout, par sa suppression définitive.

Pour les esprits qui tirent au clair le secret des choses, tout cautionnement ne jette pour produit net que l'amortissement de quelque rente et l'avortement de quelque journal royaliste.

Il sera permis peut-être de rappeler un passage de *la Politique royaliste*. « La France, au lieu de se borner à la politique répressive, s'élance jusqu'à la politique préventive, ne se doutant pas que dans les transactions diplomatiques comme dans les prescriptions civiles il n'est point donné à la faible vue, au faible doigt de l'homme d'exercer celle-ci avec quelque sécurité. »

Toutes les mesures préventives s'opposent au bien comme au mal, entravent la défense de même que l'attaque, frappent également sur les amis et les ennemis, et leur résultat final est désastreux par la simple raison que le mal est plus en vogue que le bien, que l'attaque a plus d'attrait que la défense, que les ennemis sont plus habiles, plus ardens, plus unis que les amis.

Plutôt que de se creuser la tête pour inventer de nouveaux procédés de cette sorte, le chef de la justice aurait dû peut-être, au premier moment de loisir ou pendant quelque insomnie, rechercher dans sa mémoire, s'il n'existait pas une ou deux ou trois lois de répression contre la licence de la presse, s'il n'y avait pas une cour royale, noble et digne corps, corps intact et impassible;

enfin s'il n'y avait pas au parquet une agence révocable, par laquelle se fait la lumière aussitôt qu'il lui est soufflé à l'oreille, *fiat lux.*

Eh bien, c'est assez pour peu qu'on ne trouve pas que ce soit trop; et c'est là, ce n'est que là où résident le pouvoir de réprimer les délits accomplis, le pouvoir de prévenir les délits médités.

Dans la cour, il y a loyauté et fermeté ; au parquet, éloquence et science : qu'on n'y change rien. Dans les lois, il y a un retranchement plutôt que des additions à opérer : les juges sont hommes et ne sont point ministres; toutes les fibres de la pudeur, de la pitié n'ont point été extirpées de leurs cœurs. Chez eux, on ne sait quel instinct se soulève contre l'alliance forcée de la peine corporelle et du délit intellectuel; on ne sait quelle idée se révolte au souvenir de ce pamphlétaire expédié, bras dessus bras dessous, avec un brigand, jusqu'au riant asile de Poissy.

Abolissez la peine de prison, sauf, en cas de provocations au crime ou d'outrages contre la religion, contre la dynastie. Et cela fait, raturez d'un trait de plume les insignes articles du projet de loi sous les numéros 15, 16, 17 et 18; car il n'y a plus lieu à torturer l'esprit de la législation, à sacrifier la morale sur les autels de la politique, à installer l'État au titre d'inquisiteur dans les actes de société, à établir entre les propriétaires de

chaque journal une nouvelle sorte de conscrip-
tion qui, à point nommé, fournisse un nombre de
victimes aux vengeances juridiques.

Ouvrez la bouche aux gens du Roi, déliez les
mains aux hommes de la loi, fournissez matière à
la justice autant qu'il y aura matière ; et cela fait,
endormez-vous, fût-ce même du sommeil du juste.
Il est des gens qui portent assez de prix à ce que
rien ne trouble votre éternel repos, pour vous
garantir, sous bonne et valable caution, que tout
délit sera immédiatement puni, et par conséquent
que nul délit ne sera commis.

Est-ce bien entendu ? Les lois restent telles
qu'elles sont, sauf l'abrogation de la peine de prison, et peut-être l'accroissement du maximum des
amendes. Le parquet renaît à la parole, les cours
rentrent dans leurs droits, et Son Excellence dort
à l'ombre de la colonne.

Un seul point reste à traiter. La langue fran-
caise, tant de fois maniée et remaniée, est devenue équivoque, ambigue, hiéroglyphique : elle
sait dire à la fois tout et rien, tout à ceux-ci,
rien à ceux-là ; c'est un chiffre dont les affidés ont
la clef : on passe par dessus la lettre, on va droit à
l'esprit.

Laissez donc la lettre en paix et donnez la
chasse à l'esprit. Si l'esprit parle seul, agit seul,
ne vous en prenez qu'à lui ; saisissez le sens plutôt

que les mots, la pensée plutôt que les phrases. Pour punir équitablement, pour prévenir efficacement, il importe d'apprécier la culpabilité sous un aspect qui soit pris de haut, qui embrasse l'ensemble, et en raison de l'effet moral que l'œuvre tendait à produire. C'est l'esprit du journal qui doit être traduit par devant la tutélaire justice.

Et qui donc oserait se plaindre que les délits de la presse périodique fussent assimilés, quant au mode de jugement, aux délits qui ressortent des cours d'assises? Un homme a été tué; ce n'est pas l'arme qui est coupable, ce n'est pas même la main. Y avait-il intention? Y avait-il préméditation? Y avait-il complicité? Le fait de la culpabilité tient à la première condition; la gravité du fait est déterminée par les dernières.

Quant à l'arme de la presse, les mots représentent la charge et le style est l'amorce. Mais qui est-ce qui dirigea le coup et lâcha la détente? Qui est-ce qui trama le guet-à-pens et s'enrôla dans une bande? Qui est-ce qui en ce moment même, à la barre du tribunal, couve des desseins de récidive? L'esprit sans doute.

Pour rendre le parallèle parfait, il ne manque que le jury, vulgairement appelé le jugement par ses pairs, dont la différence avec l'ancien ordre de la justice est caractérisée par les élémens de passion et de caprice qui s'y développent, et ne sont neutralisés que par l'influence du gouverne-ment. Offrez le jury, montrez les cours royales : hésitera-t-on dans l'option ?

Au reste, il s'agit de toute autre chose que du bon plaisir des journaux. Ce n'était nullement leur intérêt privé qui en motivait la conservation ; c'est encore moins leur agrément qui doit être consulté à l'égard des moyens de répression.

Quoi qu'il coûte, il faut que force reste à justice : il faut que le journal suspendu ou supprimé, ne puisse renaître sous un autre nom et ressusciter en esprit, à l'abri de formes nouvelles. A cet égard, nulles mesures ne peuvent être trop rigides, en tant que la loi les prescrive et que l'arbitraire en soit expulsé. Il n'est donné qu'à la lumière égale et vive que jette le flambeau de l'équité, de dissi-per les ténèbres où s'agite l'ignoble police, et de faire porter à la liberté des fruits généreux.

Peut-être, et c'est ici que le savoir faire de certains génies est appelé à fournir son contin-gent, deviendra-t-il indispensable, de prohiber pendant un temps fixé, l'envoi d'un journal quel-conque aux abonnés du journal condamné, et même d'empêcher que cet envoi s'opère à l'adresse d'un prête-nom.

Les arrêts de suppression doivent être très rares : quel que soit le sens du journal, c'est ra-vir son organe à un parti, c'est priver de la critique les opinions erronées, c'est réduire une concurrence, une rivalité qui tend à atténuer le mal même : et ce mode de punition ne laissant plus aucune espérance, détermine les propriétaires à traiter avec un journal analogue.

Il est préférable de ne faire usage que du droit de suspension, en prolongeant le terme à raison de la gravité et de la récidive des délits : ainsi les propriétaires ne sont point enclins à céder leur clientelle, et soit qu'ils engagent leurs abonnés à prendre patience, soit qu'ils leur expédient un autre journal, ce ne sera jamais sans en perdre un certain nombre. Telle est la vraie, la seule punition.

La peine de prison est déja éludée et le serait davantage encore lorsqu'elle devrait atteindre des personnes marquantes; le prix des amendes est plus que compensé par la foule d'abonnés qu'attire le scandale du procès. Il n'existe de moyens efficaces de répression que par la suspension, par la suppression; l'une qui resserre l'écoulement, l'autre qui tarit la source.

Or, les choses étant ainsi réglées, on doit croire que les amis de l'ordre retrouveraient le repos et ne regretteraient pas d'avoir repoussé un projet qui semblait entrer dans leurs douleurs, dans leurs vœux, et qui cependant, au lieu d'apporter quelque remède, aggravait le mal.

Le maintien de l'ordre serait remis à la garde des cours royales. Et comment craindre qu'elles pussent rester au-dessous de la charge aussi importante qu'imposante, qui pèserait à la fois sur leur conscience toujours pure, sur leur honneur encore intact et dont se saisirait avec empressement cet esprit decorps souvent nuisible, plus souvent salutaire ?

Un fameux arrêt d'acquittement a étonné, a scandalisé certaines personnes : fallait-il donc que les défenseurs des libertés publiques en ordonnant la mise du scellé sur deux journaux, en s'engageant ainsi à l'accorder bientôt sur d'autres journaux, se rendissent les satellites du despotisme bureaucratique?

Mais qu'il y ait, au lieu de cinq journaux existant à cette heure, dix, quinze et vingt journaux, autant que puisse en établir le génie le plus aventureux, autant que veuille en soutenir l'esprit public le plus sordide; qu'il soit libre à tout individu d'en créer un nouveau, au cas que l'espérance vînt le solliciter de remplir le vide opéré, ou de s'introduire entre des nuances prononcées, ou de s'ouvrir une voie encore inconnue; dès l'instant même, les cours mises à l'abri de toute inquiétude, garanties contre tout soupçon de complicité, ne sont plus frappées que des périls de la religion et de la monarchie; et constamment déterminées par intérêt de l'Etat qui ne peut prospérer que sous cette double égide, les cours dans cet état de choses inverse suivent, avec la même force d'ame, une ligne de conduite inverse pour parvenir aux mêmes fins.

Essayez seulement.

LAISSEZ FAIRE JUSTICE: notre Roi qui porte tant de traits de son saint aïeul, la ferait lui-même s'il était possible de réunir ses innombrables peuples sous le chêne de Vincennes.

Laissez faire justice : les hommes en sont d'autant plus avides, lui seront d'autant plus soumis après que l'arbitraire les a froissés, les a affligés, les a révoltés.

Laissez faire justice : elle est prête, elle attend. Et n'y aurait-il en France que la justice qui fût mise en liberté, autour de ce noyau compact, sous cette magique influence on voit aussitôt s'élever, se marier, se perpétuer toutes les libertés publiques.

EXTRAITS DU CATHOLIQUE.

, Des esprits religieux, qui ont leurs organes dans divers
journaux politiques et littéraires , sortent de temps en
temps comme d'un profond sommeil, et paraissent tout
surpris de se retrouver en l'an de grace 1826 , comme
s'ils étaient encore au dix-huitième siècle. Ils voient lancer
au milieu de la foule ébahie des éditions de Voltaire et
de Rousseau, comme on lance des fusées qui, s'élevant
dans les airs , éclatent au grand plaisir de la multitude.
On n'oublie ni Diderot, ni Helvétius, ni même le baron
d'Holbach ; c'est une véritable résurrection des morts. On
a été si loin à cet égard, que des ouvrages morts-nés ont
été soigneusement exhumés, et ont obtenu un tour de faveur, comme s'il s'agissait d'escamoter par eux l'immorta-
lité. Les sages peuvent s'affliger d'un tel état de choses,
tandis que de bonnes ames s'écrient : « Tout est perdu si
l'on n'oppose promptement une digue à ce nouveau dé-
bordement d'impiétés. » Nous prouverons que tout n'est
pas désespéré de la manière qu'on l'entend. Si les saines
doctrines ne germent pas dans les esprits aussi abondam-
ment qu'on le voudrait, la faute en est à des hommes
autres que les partisans du déisme et de l'athéisme.......

L'inquisition n'a pas préservé l'Espagne de l'invasion
des faux principes ; la main du bourreau a lacéré les

œuvres des philosophes du dernier siècle : ceux-ci n'en
n'ont pas moins **exercé de grands ravages sur les in**-
telligences. Toutes les censures de doctrines et d'opinions
ne sont que des précautions inutiles : l'esprit est un élé-
ment qui a l'élasticité de l'air. Les révolutionnaires n'ont
pas plus empêché les doctrines du catholicisme de renaître,
que celui-ci n'étouffera l'esprit philosophique du dernier
siècle. C'est que le bien et le mal se partagent le monde ;
c'est qu'ils n'ont pas de bornes, et ne peuvent recevoir
d'entraves ; c'est qu'ils naissent et se développent en nous,
et que leur intensité dépend de notre force et de notre fai-
blesse. Il n'y a donc qu'un moyen de s'opposer au débor-
dement des funestes doctrines, des œuvres dangereuses,
des mauvaises écoles ; c'est d'en créer et d'en répandre de
bonnes, d'opposer un esprit à un autre esprit, de lutter
avec rigueur et de lutter constamment : telle est la condition de l'existence. Celui qui croit que la terre est un lit de
repos, mériterait d'y être enseveli à jamais!...

Il n'y a donc qu'un seul moyen pour échapper aux conséquences du mal. Ce moyen, il existe en nous ; il est
sans cesse à notre disposition, si nous voulons nous donner
la peine de descendre en nous-mêmes, et de le chercher
dans la sincérité de notre ame : il consiste dans le bien. Ne
déclamons donc pas inutilement contre le mal qui se fait ;
le pouvoir politique ne saurait arrêter une chose qui découle de l'esprit, et dont il est impossible de boucher la
source ; mais donnons de l'activité au bien ; élevons chaire
contre tribune, école contre secte, vérité contre men-

songe ; sachons surtout comprendre ce bien qu'il s'agit d'opérer , nous en pénétrer , en saisir le caractère et approfondir les conditions d'après lesquelles il est maintenant possible de le réaliser.

Voulez-vous vaincre le temps et vous rendre maîtres de l'avenir? Ne gémissez pas, ne vous impatientez pas , n'abandonnez point la partie. Surtout gardez-vous de croire que tout ici-bas puisse s'obtenir par la presse ; que vous serez tranquilles en occupant toutes les places ; que les hommes religieux n'ont qu'à se trouver partout pour gagner la victoire sans la conquérir. Dans une telle situation, on est bien près de croire qu'avec l'assistance de la force matérielle, la force morale de la société aura gain de cause sur la perversité ou l'erreur. On se croira fort sous la protection des lignes de douanes littéraires, par la prohibition et la confiscation des mauvais livres; mais un jour, si l'on n'a pas su opposer un esprit à un autre esprit, on se réveillera tout étonné de voir l'anarchie intellectuelle tout envahir en dépit des réquisitoires et des censures.

FIN.

A. PIHAN DELAFOREST,

Imprimeur de Monsieur le Dauphin et de la Cour de Cassation,

RUE DES NOYERS, N° 37.

DES JOURNAUX

A L'OCCASION

DU PROJET DE LOI

SUR LA PRESSE,

SUITE.

> Lorsqu'on combat l'influence de la presse périodique, en détendant les ressorts de la fiscalité et en élargissant les bases de la liberté d'écrire et de publier, on ne voit pas quels argumens pourraient être opposés.
>
> (*Quotidienne*, 22 *février.*)

PARIS,

A. PIHAN DELAFOREST,

IMPRIMEUR DE M. LE DAUPHIN ET DE LA COUR DE CASSATION,
des Noyers, n° 37.
1827.

Il n'y a que des journaux.

D'après le rapport sur le projet relatif à la poste, le port des imprimés de tout genre ne figure que pour 122,000 francs, sur quoi il faut déduire la moitié peut-être pour les livres, un quart pour les avis et les catalogues : il resterait ainsi pour les brochures seules 30,000 francs, qui représentent, à raison d'un sou par feuille, six cent mille feuilles ou cent vingt mille brochures de cinq feuilles.

En supposant que la moitié traite de la politique, ce serait soixante mille brochures à répartir entre trois millions d'individus investis de la faculté de lire; donnant par tête un cinquantième de brochure, un dixième de feuille, une page et demie sauf fraction, pour être savouré et ruminé pendant les trois cent soixante-cinq jours de l'année.

D'autre part, en outre de la consommation de Paris, environ quarante mille exemplaires de journaux courent la France, fournissant à raison de deux feuilles ordinaires in-8° pour chaque jour-

nal, quatre-vingt mille feuilles d'impression; en-
sorte que chaque jour livre à la pâture des esprits
en matière de journaux, plus du quart de ce qui
est offert sous forme de brochures chaque année :
et comme les journaux ont au moins quatre lecteurs contre un, en somme, leur influence quotidienne est justement équivalente à l'influence an-
nuelle des brochures.

Cela posé, il n'y a plus moyen pour un faible
génie de concevoir à quel titre s'est élevé sur la
place Vendôme, du sein de cette fange dont Paris
est inondé, un tel tourbillon de colère, une trombe
de vindication qui menace d'arracher tout ce
qui pousse, de raser tout ce qui grandit, de couper par le pied le bon arbre avec le mauvais,
apparemment pour cueillir le fruit plus à l'aise.

Encore, quel doit être le destin de ces frag-
mens de pamphlets? Comment percer, pénétrer
jusqu'au trône de l'opinion? les avenues en sont
trop bien gardées, sont fortifiées de longue main;
là, règnent les journaux, et dans l'état des choses,
tel que le sort qui fait tout quand le bon sens ne
fait rien, l'a fait; ce serait la lutte du pot de terre
contre le pot de fer.

Il y avait ce semble deux questions à résoudre:

D'abord, quant à la somme du bien et du mal
provenant des pamphlets des journaux, de quel
bord penche la balance.

Puis, quant à l'exercice de l'esprit et du jugement provoqué par les pamphlets et les journaux, dans quel sens se rencontre l'avantage.

Et si l'arrêt devait-être favorable aux pamphlets, peut-être au lieu de taxer à 1000 francs une brochure de 80 francs prix coûtant, il eût été plus décent d'accorder des encouragemens à ce genre de production, ainsi qu'il en est donné à tant de fabriques industrielles : d'autant qu'à l'appel des primes, à l'aspect des couronnes qui seraient décernées, on aurait vu aussitôt les capacités, les notabilités, les supériorités, les sublimités (pour parler le jargon à la mode), apparaître et se mettre à l'œuvre, ennoblissant ainsi un métier ravalé, agrandissant un rôle rapétissé et répandant les lumières, redressant le jugement, ralliant les opinions, raffermissant la conscience, enfin faisant le bien, s'il y a du bien à faire, s'il y a à faire le bien.

Mais le ministre qui ne serait point homme d'état, n'est nullement tenu à penser, à juger, comme l'homme d'état qui ne serait pas ministre.

Il y a peu de brochures, et c'est fort bien ; ce sera encore mieux s'il n'y en a plus du tout.

Il y a beaucoup de journaux ; et c'est fort mal : ce sera un peu bien, puis très bien, enfin tout-a-fait bien, autant qu'il y en aura un peu moins, encore moins, plus du tout.

Or, devers ces fins transcendantes, procédant
incontinent, il a paru juste et louable au ministre
de proposer à la sanction des Chambres telle loi
dont la lettre serait inutile à transcrire, et dont
l'esprit, le vrai sens, est exprimé dans les termes
qui suivent :

« Nous, pairs et députés de France, assistés
des ministres, considérant que la Providence, en
sa justice, nous ayant investis de l'exercice de l'om-
nipotence parlementaire, la Providence, en sa
sagesse, n'a pu se dispenser de nous conférer le
privilège de l'omniscience morale et politique,
afin de nous mettre à même d'en user dignement :
la chose mûrement pesée et méditée, faisons savoir à tous et chacun, afin que dorénavant nul
n'en ignore et n'aille à l'encontre des présentes,
qu'il est défendu expressément de rien dire et
rien écrire au sujet de ce qui sera à faire ou à ne
pas faire par nous, le tout nonobstant clameur de
haro, charte française et lettres ou paroles à ce
contraires. »

Il y a trop ou trop peu de journaux.

Il y en a trop tant qu'il n'y en aura pas assez.

Les journaux font plus de mal que de bien, font

beaucoup de mal et peu de bien, par la même raison, parce qu'ils sont en trop petit nombre.

Faut-il les détruire ou les neutraliser? voilà le problème.

Dans une société aussi avancée en âge, le temps ne manque pas à remplir sa charge de détruire : la loi entend-elle lui prêter aide? la loi ignore-t-elle encore où aboutissent la manie de prohiber, la rage de prévenir? Le cours du mal aura fait quelque brèche sur une des rives, vite on élève une digue, on la flanque de droite et de gauche, on la projette en avant, et le flot, durement repoussé, mine par dessous les fondemens ou se rue avec fureur contre la rive opposée.

Dans les familles, dans la société, s'il y a des troubles, des crises, des révoltes, quel en est l'artisan? le pouvoir, la loi. La loi omet de réprimer ou excite à commettre : le délit virtuel, le délit générateur lui appartient; c'est le délit apparent qui sera frappé. Il en est ainsi pour les journaux.

Les journaux! Etrange institution par laquelle il est trop prouvé que des plus petites causes résultent les plus grands effets, sur laquelle, autant la querelle est misérable, en se confinant dans le cercle des intérêts privés, autant la discussion est imposante, en se transportant dans la sphère des droits et des besoins sociaux.

A leur égard, les choses sont, non pas comme

elles devraient être, mais comme elles peuvent être. Il n'y a que cinq journaux disponibles : il y a bien cinq opinions prononcées. Chaque opinion enfante ou épouse un journal, et de jour en jour les liens mutuels se resserrent par la continuité des relations, par l'animosité contre les adversaires. D'abord le journal avait une opinion, bientôt c'est l'opinion, le parti qui a son journal.

Les journaux sont d'un prix élevé, et hors des grandes villes, l'ardeur de la lecture ne consume pas les esprits ; l'effort est assez grand de lire pendant le déjeûner, de payer par tiers ou par quart le journal ; ce serait trop de peine, s'il s'agissait d'un journal indépendant, impartial. Plus on manque de sens, plus on abonde dant son sens, c'est la loi de l'humanité. Il faut que la feuille favorite vienne apprendre chaque jour qu'on a eu raison la veille, et enseigner comment on aura raison le lendemain.

Et le mal ne s'arrête pas, car c'est à lui que le privilège exclusif est concédé de marcher d'invention en invention, de mériter chaque jour un brevet de perfectionnement. Dans l'origine, les esprits se contentaient d'un médiocre ordinaire ; mais le goût se blase, l'appétit se perd, et les mêmes mets deviennent insipides : il faudra les rendre plus piquans, plus irritans. Aussi fait-on ;

car, quoi que veuille la volonté, ce qui est nécessaire à faire , se fait.

En outre, le petit nombre des journaux rend plus facile un accord tacite, rend plus sensible un péril commun : engagés dans un combat à outrance, exposés aux coups du même ennemi, leurs armes s'ébrècheraient en se tournant les unes contre les autres. Et parfois il y a des égards à conserver, des services à reconnaître ; le dernier devoir auquel peut manquer un Français, c'est la politesse.

Il s'ensuit que la critique est presque nulle, qu'il ne s'exerce point un contrôle suffisant ; et, au lieu de ces discussions libres, de ces débats passés entre pairs, qui contiendraient et retiendraient sans doute, quand les reproches sont lancés des tribunes anglaise et française , ils n'excitent qu'un mouvement d'indignation.

Tels que la loi les a faits, tels sont les journaux ; que ce soit à plaisir ou à regret, ils subissent les conditions de leur existence. Est-ce assez mal ? gardez la loi actuelle. N'est-ce pas assez mal ? adoptez la nouvelle loi ; et le temps, rapide en son cours, vous aura bientôt appris que, dans la fabrique du mal, la loi qui daigne y porter quelque soin . ne tarde pas à recueillir les fruits les plus brillans.

Cependant maintes personnes , mentalement

honnêtes, mécaniquement sensées, ne sont frappées que des effets, ne remontent point à la cause, et, laissant tourner leur jugement dans le cercle le plus vicieux, se disent que, puisque la loi n'empêche pas le mal, le mal exige une loi plus rigide, tandis qu'en procédant par la méthode légitime, elles se diraient que, puisque la loi ne procure pas le bien, le bien attend une loi plus franche.

La loi de 1822 n'a réussi qu'à tripler le nombre des abonnés aux journaux libéraux, et le projet de 1827 est déja parvenu à détruire deux journaux royalistes. Celle-là tendait à réduire le nombre des journaux; celui-ci, mieux appris par l'expérience, travaille plutôt à réduire le nombre des abonnés. Mais, dans les calculs politiques, le nombre des uns ou des autres équivaut de même à zéro; le vrai nombre, le seul chiffre qui compte, c'est celui des lecteurs.

Et comment faire pour réduire le nombre des lecteurs? Prohiber les fabriques de papier, abattre les chênes à noix de Galles, étouffer tous les animaux à deux pattes et à plumes, démolir les presses et fondre les caractères, bannir les imprimeurs, les protes, les brocheuses, etc.

Choisissez, la marge est belle. Il faut une immense quantité de matières et d'instrumens pour parvenir à la confection de ce chiffon noirci qu'on lit ou qu'on ne lit pas. Qu'il vous soit donné d'anéantir le moindre d'entre eux, il n'y a plus de chiffon.

Seulement arrêtez le mal au moment même de sa production : une fois en circulation, en consommation, toute puissance humaine y échouerait.

Le prix des journaux sera exorbitant. On se coalisera, on conspirera pour former une bourse commune, on fera passer de main en main, on se réunira à la veillée du soir, on formera des sociétés de lecture, on assiégera les libraires, ou comblera les cafés.

Or que lira-t-on ? les *Débats*, le *Constitutionnel*, justement vos ennemis les plus ardens et non pas les moins habiles. Ils restent seuls ; ils dominent, ils possèdent les esprits ; ils enflamment les haines, allument les vengeances, contre vous, s'entend.

Car ici le bien ressort du mal : les *Débats*, mis face à face du *Constitutionnel*, reprennent ces antiques erremens dont ils ont dévié dans la chaleur de la poursuite, et conservent cette énergie nouvelle qui s'est développée sous le feu de la mêlée. C'est le combat d'Horace contre les Curiaces : gloire au vainqueur ! honneur au vaincu ! Mais faut-il donc que l'existence de Rome soit liée au triomphe encore douteux d'un brave !

Il faut des journaux, c'est-à-dire des journaux libres, car les feuilles à solde entière ou à mi-solde, ne comptent pas.

Ici on doit mettre à l'écart le salut de la religion, de la monarchie, de la société. Il y a un ministère, une opposition : à leur suite se sauvera ou se perdra la patrie, ainsi qu'il plaira au sort. Peu de gens se laissent tourmenter à ce sujet.

Or, quant à l'opposition, il lui faut des journaux : la chose est claire.

Quant au ministre, plus de journaux , plus d'opposition : ce serait bien agréable ; voyez plutôt comme il sourit à cet espoir flatteur.

Ingrat ministre ! il ne sent pas que l'opposition le protège, par ses erreurs, par ses fautes, par ses écarts, s'il se peut qu'elle s'en rende coupable.

Aveugle ministre ! il ne voit pas qu'il serait privé de répondre, de parler, si on ne l'attaquait pas ; et telles que soient ses paroles, encore en provient-il quelque bruit, quelque son, quelque vibration dans le tympan de l'oreille. En faut-il davantage ?

Pauvre ministre ! il n'entend pas, qu'en l'absence de l'opposition, apparaîtrait aussitôt l'intrigue qui fait moins d'éclat, plus d'effet ; il n'entend pas qu'en place des grands talens mis à bas du théâtre, les planches se chargeraient des plus petites gens du monde, fine espèce, race opiniâtre, comme il en est des preuves.

Dieu garde le ministre ! c'est le vœu le plus sincère, car sans journaux, tout ministre en vaut un autre, et le plus fâcheux n'est pas le plus circonspect, le plus méticuleux.

Mais s'il échappe aux secrètes menées de l'intérieur, quelque noir démon acharné à sa ruine, le possède, le pousse dans les abîmes inextricables de la diplomatie.

Il en a été tant dit et tant écrit en France, soit pour, soit contre, à tort ou à raison, et il en a été tant fait depuis quatre ans en Espagne, qu'à la fin et peu à peu, d'abord parmi nous, puis chez les Anglais, ces gothiques figures, ces fantômes ressuscités de l'absolutisme et du théocratisme, ont pénétré, se sont installés au creux de certains cerveaux.

C'est alors que le ministre imagine un préalable d'index, appose son cachet sur les presses, jette l'interdit sur les pamphlets, sur les journaux. Jamais un tel plat ne sera digéré par John Bull, lequel sous ce rapport est fort en arrière. Prononcez le mot de papisme, vous lui donnez un accès de rage : demandez plutôt à l'Irlande.

Pour John Bull, il n'y aura plus de doute. « La France tourne au fanatisme, à l'intolérance, aux persécutions ; la France ce semble rajeunie, singe la vieille Espagne. On ne peut porter foi dans les paroles ; il faut s'attendre à des guerres de religion. Déja la Péninsule en donne les preuves les plus signalées : est-ce donc que les insurgés Portugais, auraient pu s'organiser, se réorganiser sans l'assistance de l'Espagne ? est-ce que l'Espagne, occupée, dominée par elle, s'y serait prêtée sans l'assentiment de la France ? Tout est donc dévoilé. »

Et de peur d'être attaquée, l'Angleterre attaque ; au lieu de se laisser prendre au dépourvu, elle saisit la première occasion favorable : ne sera-ce pas demain ?

Et le Ministre aura veillé en vain ; M. Canning lui retire son amitié, sa pitié peut-être ; il s'en sera servi en guise d'outil ; l'œuvre accomplie, l'instrument est jeté. Que devenir ?

Puisse sa mauvaise étoile sauver le Ministre ; vainqueur de l'opinion française, il serait victime de l'opinion britannique ; vaincu, il n'est pas mort ; estropié, il y a moyen de se traîner un certain temps.

Il faut beaucoup de journaux.

Il n'y a que deux ou trois journaux de chaque bord, et de chaque bord on est effervescent en paroles, incandescent d'idées; l'opinion, les journaux s'échauffent mutuellement, s'embrasent de plus en plus. L'enclume et le marteau forgés du même métal, poussés d'un même coup de feu, passent au rouge, au blanc. On le voit trop.

Figurez-vous une tribune où ne pourraient monter de droite et de gauche que deux êtres privilégiés. Quelle chaleur! quelle énergie! quels mouvemens oratoires! Ce serait tout plaisir pour les auditeurs bénévoles; mais peut-être les patiens, les gens mis en cause, en place de tant de phrases brillantes, préféreraient entendre quelques vraies notions, quelques raisons claires.

Supposez ensuite une tribune ouverte à tout venant, où tel succède à tel, où chacun passe à son tour, vous aurez une pluie, une grêle d'amendemens, de sous-amendemens, de contre-amendemens. Ce n'est plus un nœud si dur serré qu'il faille recourir à l'épée pour le trancher, mais un écheveau embrouillé, entortillé, dont le fil casse sous le doigt, si bien qu'on n'en saurait tirer que de la charpie.

Les deux modes ne sont pas dépourvus d'inconvéniens; pourtant, dans les Chambres, le premier semblerait préférable, et quant aux journaux le second; car ceux-ci n'ont pour mission que de fournir la matière telle qu'elle, tandis que celles-là sont appelées à la mettre en œuvre. Un sort en a décidé autrement.

Mais, dira-t-on, comment digérer tant d'alimens divers, tant de poisons confondus? Comment en extraire un suc bienfaisant, un chyle substantiel? Nos esprits ne sont pas de force, n'en ont pas l'habitude.

La force ne s'acquiert que par l'exercice, qu'au moyen de l'emploi. Vos esprits ne doivent-ils sucer que le lait ministériel? Ils resteront débiles et niais; ce ne sera jamais que de plus ou de moins grands enfans. A quoi sert que la Providence ait doué l'homme des plus hautes facultés, s'il en renie l'usage, s'il n'entend pas qu'elles lui furent données pour lutter avec succès contre les circonstances périlleuses, à travers desquelles l'a jeté cette même Providence.

Il y a un mot piquant de *Bordeu*, au sujet de la thériaque. « Quelle étrange confection ! voilà cinquante, soixante drogues, toutes de nature différente et souvent opposée, les unes insignifiantes, les autres vénéneuses. Comment tout cela va-t-il agir? Où tout cela va-t-il aboutir? Je n'en sais pas un mot.... Ce que je sais, c'est que ce remède a toujours produit l'effet le plus heureux. »

Il faut bien reconnaître que les journaux exer-

cent une immense influence, dont l'opinion des
Chambres n'est pas même garantie. On crie fort
contre eux, on les blâme fort ; leur joug pèse
donc et n'en pèsera pas moins : le poisson pris
dans la nasse se débat encore.

On ne lit point de brochures, on ne porte pas
une foi aveugle aux dires du ministre. Et comment rester en suspens jusqu'à l'ouverture de la
tribune ? L'éclair de lumière qui *s'échappera* peut-
être perce trop tard : ce sont beaux et bons discours qui y sont déclamés ; force gloire en re-
vient aux orateurs. Du reste ils n'ont rien à démêler avec la conviction. Quand la discussion
orale commence, la discussion mentale est déjà
fermée.

Les journaux parlent d'avance et parlent sans
relâche : ils auront fortement influencé l'opinion,
quelquefois dans le sens de leurs vœux, plus souvent à rebours de leurs fins ; car il n'y a pas à les
congratuler sur leurs succès : le talent ne fait pas
l'art. Dans la chaleur de la controverse, on oublie
trop qu'on parle à d'autres et non pas à soi-même,
à d'autres fort mal disposés à son égard. Gé-
néralement les journaux gâtent et perdent leur
cause.

Mais l'opinion est également induite en erreur ;
c'est le dégoût qui agit sur elle au lieu de l'attrait :
sous l'empire de l'un comme de l'autre, les faits

ne sont point appréciés, les motifs ne sont point balancés.

D'où vient cela? De votre loi, de votre ministre surtout. Le ministre avait dit, en 1822 : « En réduisant le nombre des journaux, vous concentrerez les abonnemens, vous ne diminuerez pas le nombre des lecteurs. » Et d'abord cela était vrai, car il le disait; puis cela n'était plus vrai, car il agissait en sens inverse.

Il s'est complu à étouffer à leur naissance, à étouffer dans ses bras maints et maints journaux. Ainsi s'éteignait la concurrence, ainsi se concentrait l'influence ; et l'influence concentrée, de même que les rayons du soleil réunis au foyer d'un miroir, devient incendiaire. Il n'y a plus que passions, que haine, colère et vengeance : les exceptions sont rares.

Il faudrait tenter la méthode inverse; il faudrait appeler, favoriser la concurrence, et en place de la concentration, substituer la diffusion, la confusion même. Il faudrait que les rayons de lumière fussent réfléchis dans tous les sens et divergeassent à l'infini.

Accroissez donc, multipliez les journaux, tant qu'à la fin il s'en rencontre un, ou deux, ou trois, car abondance de bien est miracle en ce genre, qui, ne sachant plus comment se distinguer, comment percer à travers la foule, soient contraints le se frayer quelque voie inconnue, inouie, étrange, et soient amenés ainsi à mettre au jour la vérité pure, à faire valoir la raison, la justice, l'utilité publique, toutes choses qui demeurent en doute au milieu des disputes d'homme à homme et de secte à secte ; choses qui, à la rigueur, comme il y en a quelques exemples, pourraient exister dans les vues ministérielles ; choses enfin qui rallieraient autour du noyau de l'intérêt social tant de votes du centre, tout étonnés de devancer les votes de l'extrême droite.

FIN.

A. PIHAN DELAFOREST,

Imprimeur de Monsieur le Dauphin, de la Cour de Cassation, de l'Association Paternelle des Chevaliers de St-Louis, etc., rue des Noyers, n° 37.

DES JOURNAUX

DU PROJET DE LOI

SUR LA PRESSE,

SUITE.

> Si la liberté pleine et entière n'était pas garantie à l'émission des nouveaux journaux et à la circulation des anciens, sous des conditions fort amendées, à l'égard du tarif, du timbre, du cautionnement, il vaudrait mieux rétablir la censure. (*Des Journaux à l'occasion du projet de loi,* page 26.)

PARIS,

A. PIHAN DELAFOREST,

IMPRIMEUR DE M. LE DAUPHIN ET DE LA COUR DE CASSATION,
rue des Noyers, n° 37.
1827.

Le Fanatisme anti-catholique ;
La Politique Royaliste à l'égard de la Péninsule ;
*Des Journaux à l'occasion du projet de loi sur
la Presse ;*
Suite de ladite brochure

« Le compte qui est rendu de vos séances par les journaux, est-il fidèle ou ne l'est-il pas ? s'il est fidèle, il faut rejeter la proposition comme inutile ; s'il est infidèle, s'il est propre à amener des résultats tels que ceux qu'on indiquait tout à l'heure, en disant : *une Chambre vendue,* si jamais il s'en présente, les journaux ont le droit, ont le devoir de la dénoncer. Messieurs, il est facile en travestissant vos séances, de vous représenter comme une Chambre, ou complètement ignorante, ou puisqu'on a prononcé ce mot, *comme une Chambre vendue...*

« Si au lieu de dire la vérité, ce sont des mensonges qu'on proclame chaque jour, cette opinion publique, devant laquelle tous les pouvoirs de l'État comparaissent plus ou moins, mais plus particulièrement la Chambre dont vous faites partie, puisqu'elle doit comparaître devant les collèges électoraux qui seront appelés à la réélire ; cette action journalière, faite pour égarer, pour tromper l'opinion, où mènerait-elle ? Elle mènerait justement à écarter de la Chambre des Députés, ceux qui dans l'intérêt du pays, devraient y être appelés, et à appeler ceux qui devraient en être repoussés.

« J'avais donc raison de dire que c'était une *question de gouvernement.* » (*Moniteur,* séance du 15 mars 1827.)

Or , comment le ministre se complaît-il à discourir en une telle manière? comment se résout-il à publier ce marivaudage de tribune , qui apparemment jette la confusion dans l'esprit des auditeurs , mais dont l'esprit des lecteurs démêle aussitôt la confusion.

Bonaparte était plus habile : il ne parlait pas à ses muets comme à des sourds , craignant trop qu'on n'entendit du dehors, et au moyen de ce qu'il ne donnait aucunes raisons, les gens de bonne foi, les gens de bonne volonté , étaient en passe de lui en supposer d'excellentes.

On n'est trahi que par ses proches ; le Moniteur a rendu le discours mot pour mot, il n'y a rien de pis : Les journaux ennemis au contraire, ont tenté de lui prêter quelque sens , de lui donner une façon : la gratitude, la vanité , devaient leur élever des autels.

On prétend cependant les expulser de l'enceinte sacrée ; l'art. 21 du projet de loi, relatif aux causes scandaleuses , sera mis en vigueur , quant aux séances : sans doute afin que la France n'entende plus sortir de la bouche du ministre, un certain mot, que nul artifice oratoire ne permet d'énoncer devant une Chambre, pas plus qu'un autre certain mot, devant une femme.

L'esprit malin disposait de la langue ; il a dévoilé le grand secret.

« Messieurs, il est facile en travertissant vos séances , de vous représenter. . . . . comme une *Chambre vendue.*

« Cela mènerait justement à écarter de la Chambre, ceux qui dans l'intérêt du pays, devraient y être appelés , et à appeler ceux qui devraient en être repoussés. »

« J'avais donc raison de dire que c'était une question de gouvernement. »

Que de choses en ce peu de mots ! il est facile maintenant de saisir les rapports de la mesure administrative, avec le projet législatif.

Il semble voir le Ministre tenant ses assises, opérant le triage des Députés, appelant ceux-ci à siéger à sa droite, et repoussant ceux-là, comme des réprouvés.

Mais il faut que les siens deviennent les nôtres : il faut que le pays apprenne par la leçon, quels sont ceux qui, dans l'intérêt du pays, devraient être appelés et ceux qui devraient être repoussés.

Et la merveilleuse mesure est chargée de soustraire aux uns, la plume qui rendait leurs paroles, de prêter aux autres, telles paroles qui plaisent aux oreilles ; tandis que l'honorable projet doit tenter d'imposer au dehors, sur tous les sujets politiques, la plus parfaite retenue.

Par ce moyen, le ministre espère obtenir aux élections, sauf quelque errata, une chambre synonyme de la chambre actuelle, espère prolonger de sept années la première phase septennale de son empire ; et Dieu le veuille mille fois, pour peu que sous son étoile opposée à celle du bon Joseph, la période d'abondance de biens doive succéder à la période de surabondance de mal.

Vraiment, c'était une question de gouvernement ; pour le ministre, c'est-à-dire ; car, quant à la France, elle n'a point à craindre de manquer de gouvernement.

C'est dommage seulement que la question soit si épineuse à résoudre, et que tant de finesse, tant de sévérité, soient indispensables pour amener ce brillant résultat.

C'est dommage qu'il faille irriter les esprits pour garantir le calme, éteindre les flambeaux pour répandre la lumière, river les chaînes pour conquérir des votes, détruire la confiance pour raffermir le respect, ravir l'espérance pour raviver l'amour.

Or, de tout cela, que faut-il induire?

Qu'il existe une opinion publique, quoiqu'on en dise;

Que l'opinion est puissante, malgré qu'on en ait;

Que l'opinion est hostile, ainsi qu'on l'a faite.

Et quel spectacle offre la chronique du monde?

Le pouvoir se débattant contre l'opinion;

Le pouvoir se portant de rigueurs en rigueurs;

Le pouvoir perdant chaque jour des auxiliaires;

Le pouvoir abandonné par la force;

Le pouvoir précipité du faîte.

Mais c'est ce qui se passe sous nos yeux; et voici comme parlent les augures.

« Il est digne de remarque que tous les journaux employés à grands frais par tous les gouvernemens qui se sont succédés n'ont pu, malgré leur influence, en soutenir aucun; et que les journaux opposés, que la tyrannie a contrariés, tantôt à force ouverte, tantôt plus sérieusement, ont vu, ont fait à la fois triompher la cause qu'ils ont constamment défendue. » (Discours du vicomte de Bonald (1), séance du 28 janvier 1817.)

____

(1) Voir à l'Appendix, la suite des pensées de ce publiciste célèbre, à l'égard des journaux.

Une grande querelle occupe les esprits, absorbe l'attention publique.

Quelles sont les parties intéressées, les parties contendantes? les ministres, les journaux! puissances du jour, le résultat de leur lutte doit décider à laquelle appartiendra l'éphémère empire : puissances d'un jour, ni leur triomphe ni leur défaite, ne doivent disposer des destinées de l'État.

Que ces puissances soient en guerre et se battent à outrance, rien n'est plus naturel; il leur faut vaincre ou périr.

Mais comment les pouvoirs de la société vont-ils prendre fait et cause, soit pour ceux-ci, soit pour ceux-là, quand ils n'ont à attendre, du parti vainqueur, que des chaînes; quand ils n'avaient qu'à contenir l'un et l'autre parti sous le joug de la loi.

Faut-il le dire? c'est qu'en France, l'opinion ne possède pas la faculté virtuelle de se faire elle-même, de se donner une existence propre; c'est qu'elle a besoin d'être faite, de se revêtir d'une existence empruntée.

Si l'opinion se faisait elle-même , se formait par son action, elle se ferait, se formerait dans le sens de l'intérêt général ; l'intérêt général et l'opinion publique, ne sont à bien dire, que deux modes d'un même sentiment, que deux termes d'un sillogisme , le principe et la conséquence.

Mais l'opinion qui ne se fait pas d'elle-même , attend qu'on la fasse, qu'on la fasse à son plaisir, à son profit; et l'intérêt privé est seul doué de l'ardeur, de la finesse, de la constance qui sont requises pour parvenir à cette fin.

Ainsi, l'intérêt privé se portant pour prête-nom de l'intérêt général, agitera, ameutera les esprits, ravira toute la durée, captivera toute l'attention de l'audience; et traînant à sa suite l'opinion commune et banale, mettra hors de cour ou fera perdre son procès à l'intérêt général, auquel l'opinion publique ne porte point d'appui, ne prête point un organe.

Ainsi, dans la grande querelle, les ministres et les journaux apparaîtront seuls en cause et diviseront entre eux, l'auditoire, le tribunal.

Or, les journaux analogues sous ce rapport à toute puissance humaine, se laissent rarement aborder par la vérité, et repoussent la vérité qui les atteindrait par hasard.

Ils ne sentent pas comment, par une sorte de fatalité, dans ce chaos d'anarchie où l'État est plongé et à travers cette cohue de haines dont le ministère est assailli, leur ton tourne trop souvent à la suffisance, à l'arrogance, à l'intolérance ; en sorte que, les personnes investies de fonctions publiques, se trouvent profondément indisposées et prévenues contre eux, se trouvent prêtes à accueillir toute loi de vindication déguisée sous le titre de loi de répression.

La confession générale des journaux serait trop longue à faire, et telle est l'abondance de la matière, que les êtres impartiaux accuseraient peut-être le révélateur, de quelque esprit d'humeur ou de haine. Il suffira de dire, qu'étant par l'effet de leur petit nombre, espacés au large, forcés de sève et nullement contenus ni redressés, le caractère générique de cette nouvelle classe d'êtres, consiste à se charger de branches gourmandes, qui ombragent au loin le sol, à ne jeter que des fruits amers qui irritent au lieu de sustenter.

Et c'est malgré la disposition acrimonieuse, où ces causes ont dû jeter leurs juges, que les journaux s'embrouillent, se perdent dans des argumentations éternelles, sur le droit de propriété, sur le viol du contrat légal, sur la ruine des femmes, des enfans, etc. : brillans moyens, motifs oratoires, qui ne pêchent qu'en deux points, d'abord en ce qu'ils sont privés d'un sens réel, ensuite parce qu'ils sont rebutés par l'opiniâtre prévention.

Dans la vérité, tout journal constitue un être abstrait derrière lequel, soit qu'il y ait une ou cent personnes, ce n'est jamais personne aux yeux de la loi; tout journal est une entreprise formée à l'abri de la liberté, et non pas sous l'égide de la loi, une entreprise qui, exerçant des influences politiques, est essentiellement dévolue à subir toutes les modifications qu'a voulu, que veut, que voudra la loi.

Comme aussi il faut dire que, selon l'équité, la loi n'a pas le droit de s'introduire derrière l'être abstrait, de requérir l'apparition de telles ou telles personnes et d'infliger une liasse de formalités qui, d'une part, n'avancent nullement vers le but de la répression; qui, de l'autre, se prêtent aux machinations les plus odieuses.

Les journaux ont trop parlé, ont parlé tellement que les ministres pouvaient se taire : car les juges sont plutôt déterminés dans un arrêt de condamnation par les argumens de l'accusé même que par ceux de la partie plaignante; attendu que, dans le système d'attaque, il faut démêler les sophismes qui s'allient toujours à la vérité, au lieu que, dans la défense, la présentation de moyens faux prouve assez que les bons moyens manquent.

De l'autre bord, les ministres ont été mis au pied du mur; et, voyant tomber de leurs mains les armes ébréchées de la ruse, voyant un grand

nombre d'auxiliaires déserter les drapeaux de l'im-
pudeur, sont contraints de prendre l'offensive,
de faire montre de courage, dans l'espoir d'en
imposer à l'ennemi.

Le plan d'accaparement des journaux a échoué.
On n'avait pas calculé que sur le marché la denrée
s'élève de valeur en raison de la rareté, et qu'au
prix qu'eût valu le dernier journal, la banque ou
les banques sautaient.

On a joué non pas à qui perd gagne ; mais à qui
gagne perd. Les frais et loyaux coûts sont perdus ;
seulement quelques feuilles restent auxquelles une
maigre ration est accordée encore, pour ne pas
mettre sur la paille ces nouveaux braves qui font
du royalisme à juste prix, moyennant quinze sous
par ligne.

L'or de l'intrigue n'a pas suffi ; il faut se servir
du fer des lois. Les moyens seront d'une autre
sorte, l'intention est la même.

On a trop d'esprit pour se contenter de réduire
cinq journaux à deux ou à trois ; on a trop de
cœur pour se complaire à ruiner quelques modi-
ques établissemens, dans la vue de fonder sur leurs
débris l'arc de triomphe des plus ardens ennemis.
En faveur d'une si puérile vengeance, ce serait
trop aussi que de bouleverser toutes les têtes.

On compte saisir l'occasion, hâter les chicanes,
tenter les consciences, afin de déblayer, de ba-

layer la place ; ne songeant pas que les tribunaux, instrumens obligés de ces manœuvres, se montrent peu maniables ; ne songeant pas qu'à l'égard dès journaux libéraux, ce n'est plus une affaire d'argent, mais une affaire de parti, de corps, d'existence.

Le sort en est jeté ; l'instance est portée devant les juges ; il ne manque plus qu'à déterrer des argumens.

Au moins seront-ils pris de haut : la religion éplorée, la monarchie épouvantée, les mœurs effarouchées comparaissent à la barre, évoquées par les ministres, et portent plainte à l'aide de leur véridique organe.

« Vous le voyez, Messieurs, les circonstances sont périlleuses, les obstacles s'amoncèlent, les résistances s'apprêtent, l'opinion est pervertie, est empoisonnée par les journaux. Nous ne répondons plus du salut de l'Etat ; fournissez-nous des armes ou donnez-nous des successeurs. »

Et, dans ces dires, il y a un point de vérité, le fait ; un point de fausseté, la cause. Tout le désastre occasioné par les ministres est rejeté sur les journaux, qui peut-être en auraient eu la volonté ; mais qui certes n'en avaient pas la capacité ; car il n'est pas donné au premier venu de pousser le mal jusqu'à de telles extrémités.

Le mal existe ; nul n'en doute. De quel côté est

le tort, le délit, le forfait? Voilà le problème.

Or, la Chambre, intimement religieuse et royaliste, porte la susceptibilité à ce point, qu'il lui faut un coupable à saisir, une peine à prononcer, un exemple à donner : il y a passion.

La Chambre a long-temps soutenu le ministère, en sorte que les coups dont il a été frappé, l'ont frisé, l'ont abordé elle-même : il y a prévention.

La Chambre ne soutient plus, mais aussi ne renverse pas encore le ministère ; tel est l'état des esprits, qu'elle ne le choisirait pas à cette heure si le choix était à faire, et qu'elle tremble qu'il y ait un choix à faire, ne sachant pas qui elle choisirait. Dans le péril flagrant de l'Etat, tout changement lui porte effroi, nul remplacement ne lui porte repos : il y a perplexité.

Puis, les titres ne sont pas bastans. Entre les ministres revêtus ce semble de la confiance du Roi, honorés de la vieille amitié des députés, et les journaux, la balance est emportée.

Essayons, se dit-on; tentons une fois encore : car le temps des vives espérances est passé, est remplacé par le temps des craintes les plus vives; essayons, c'est un dernier sacrifice : quand il sera consommé, les ministres n'auront plus à se plaindre, à jeter le blâme sur leurs ennemis; les faits parleront seuls.

C'est ainsi que la perplexité excitée à un certain degré, agit communément : on est frappé du mal et on se défie du remède ; l'imagination reste en suspens entre l'horreur de ce qui est et l'épouvante de ce qui sera. Dans un tel état, on n'aspire plus qu'à se décharger de la responsabilité : et bien que l'exagération menace de les rendre comminatoires, les pénalités seront aggravées ; bien qu'il répugne de donner occasion aux chicanes, de donner ouverture à l'arbitraire, les formalités seront augmentées.

Par derrière ou par dessous tout projet pré-
senté par le ministère, les auteurs et fauteurs
sont comme à découvert et se laissent saisir sans
avoir moyen d'échapper, de sorte qu'en parlant
de l'œuvre, c'est aux ouvriers qu'on pense, et
qu'on ne peut critiquer la lettre sans combattre,
sans condamner l'esprit.

Mais après que le projet a été adopté par une
des Chambres, est revêtu à demi des formes de la
loi, il doit être fait abstraction des orateurs et
même de l'assemblée qui lui donnèrent cette façon
préalable : l'embrion de loi gît détaché de l'organe
générateur, attendant que le souffle de vie des-
cende d'en haut, et le scalpel de l'analyse s'exerce
librement sur le texte encore inanimé, sans
craindre que ses coups ne s'égarent.

Or, pour ceux qui sont voués à l'adopter ou à
la réprouver, pour ceux surtout qui sont dévoués
à en subir les conséquences, il est infiniment préférable que ce que doit faire la loi, soit enseigné
par une propice leçon avant que cela ne soit fait ;

plutôt que si la tardive expérience apprenait ce que devait faire la loi, au moyen de ce qui serait fait.

La loi voulait être répressive ; elle n'est que restrictive ; et, sous ce dernier rapport, il y brille un luxe, un faste de mesures, qui se suivent, se pressent et souvent se confondent.

L'art. 12, qui prescrit que les sociétés soient en nom collectif, devait précéder l'art. 9 qui les suppose déja établies sous cette forme, et ne devait pas reparaître à sa suite, puisque la prescription est déja exécutée.

Le premier paragraphe de l'art. 14 prend la peine fort oiseuse d'obliger au dépôt du cautionnement qu'ordonnaient déja les lois antérieures.

Le second paragraphe dudit article, relatif à la propriété personnelle du cautionnement, applique inutilement aux simples actionnaires ce qui est ordonné dans l'art. 10 pour les propriétaires responsables.

Enfin, l'art. 16 n'offre qu'un pléonasme dans sa première partie : car l'art. 10 déclarait déja que les propriétaires rédacteurs seraient seuls responsables, et n'offre qu'un *non sense* dans sa seconde : car la moitié du cautionnement suffit au paiement des amendes.

Mais, en fait de lois, ce n'est plus l'usage de s'astreindre à ces soins minutieux de rédaction ;

au moyen desquels il arrivait que le texte savait dire tout ce que voulait dire l'esprit, et rien de plus ou de moins, rien à tort et à travers ; les particuliers y seront pris ; tant pis pour eux : les tribunaux s'y perdront ; tant mieux pour nous. Quel mal y aurait-il que la justice fît et refît la loi ?

A la tête des articles principaux, capitaux, fondamentaux, il faut placer l'art. 10, en ce qu'il prescrit que la propriété et le cautionnement appartiendront en totalité, selon les ministres, par tiers, suivant la commission, et définitivement par moitié, d'après une certaine motion, aux propriétaires responsables, aux propriétaires rédacteurs, aux rédacteurs responsables, trois formules employées dans ledit article.

Toute la loi repose sur cette base, et cette base, ainsi que la tortue qui porte le monde de *Brahma*, ne repose sur rien.

Ici, il n'est pas encore question des personnes à appréhender par corps au profit de la prison ; il n'est pas même question des fonds à saisir en vertu des amendes, car les fonds sont dans la même caisse, soit au nom de Pierre ou de Paul.

La conception est d'un ordre plus élevé. Il a paru nécessaire d'exiger des garanties pour la responsabilité morale des propriétaires : la loi doit fixer des conditions, *sine qua non*, quant à la fortune, à la considération ; la haute mission des journalistes ne sera plus abandonnée à des *va-nu-pieds*, à des sans-culottes peut-être. L'État allait périr, comme chacun sait, et ne périssait, comme chacun l'apprend, que par le manque de ces garanties.

Par les plus industrieux moyens, on se procure trois propriétaires responsables, entre lesquels sera répartie la moitié de la propriété et du cautionnement ; celui-ci qui vaut deux cent mille francs, celle-là qui vaut trente mille francs, car le ministre l'a dit. Nul d'entre eux n'aura moins de quarante mille francs de capital, moyennant quoi la France est sauvée.

Faut-il rire ou faut-il pleurer en voyant non-seulement en ce cas, mais en tant d'autres encore, comment dans le vague de l'idée, à la cîme du cervelet, résident et dominent cette manie de l'absolu, ces rêveries de l'impossible, d'où jaillit et se répand un torrent de phrases bruyantes, éclatantes, étourdissantes, tandis qu'au moment où force est de s'incliner au niveau des faits, de descendre jusqu'à la mise en pratique, le génie n'invente plus que des moyens mesquins et puérils qui ne peuvent être soutenus, qu'en embrouillant la question, en fatiguant l'attention, en faisant perdre l'esprit aux auditeurs.

Les autres dispositions du projet auront sans doute plus d'efficacité.

Les art. 10 et 14 affichent le grandiose dessein d'obtenir que le fond social et le cautionnement soient et restent appartenans jusqu'à la fin des temps dans les proportions requises, aux propriétaires responsables et aux actionnaires.

L'art. 13, afin de leur prêter appui, ordonne que tous les actes faits par les auteurs de la déclaration seront valables, nonobstant toutes contre-lettres.

Il ne faut pas moins que le profond respect inspiré par les plus habiles gens de loi, pour empêcher de dire ici que ledit article 13 est de pleine surérogation : car depuis le commencement du monde les contre-lettres n'ont jamais pu être opposées à des tiers, dont les droits acquis souffriraient de leur effet ; et, en matière de journaux, le contrat authentique consiste dans la loi qui les concerne ; le tiers ayant droit, réside dans l'être abstait de l'Etat,

C'est un article à biffer, à raturer ; de manière que les articles 10 et 14 sont privés de toute force empruntée, comme ils sont dépourvus de toute puissance infuse.

Ces articles entendent et commandent que la propriété devenue main - mortable demeure inhérente à tous les co-intéressés, comme si les gens qui ne possèdent pas trente-trois mille francs en trois pour cent, devaient trouver un

malin plaisir à se faire loger en maison de correction ; comme si le cautionnement, valeur réalisable
en écus, n'offrait pas en fait de journaux, comme
à l'égard de tant d'offices, la matière vraiment ap-
propriée à la saisie pour cause d'amende.

Et il fallait prévoir le cas assez probable où les
propriétaires rédacteurs, enchaînés à la glèbe, ver-
raient enfin trancher leurs liens par la faux de la
mort. La solution découle naturellement : chacun
sait que les propriétés de main-morte, pour bonnes
et valables causes, n'étaient point transmises aux
héritiers du sang ; il en sera de même quant aux
journaux : car, d'après les rigueurs de la loi, rien
ne sera plus rare que de les voir présenter dans
les trente jours, un remplaçant de leur auteur,
dûment conditionné·

A-t-on pris assez de peine, a-t-on mis assez
d'art, a-t-on fait assez de bruit, pour parvenir
à se donner, au lieu de l'éditeur factice, un, ou
deux, ou trois propriétaires réels, toujours prêts
à subir en personne les peines infligées par la
justice ? et quel en sera l'effet, le résultat ? sinon
que la justice, déjà peu disposée à prononcer des
peines corporelles, répugnera plus encore à y condamner des hommes distingués par le rang, le
renom, le talent, des hommes qu'un tour de roue
peut rappeler aux fonctions publiques, des hommes qui, à l'issue de la prison, seront rencontrés

dans le monde, des hommes enfin dont l'opinion politique est peut-être approuvée, ou du moins excusée dans la conscience des juges : en sorte que les peines corporelles et pécuniaires, étant liées ensemble par la loi, les tribunaux devront acquitter plus souvent, et qu'ainsi la répression deviendra d'autant moins efficace.

Que reste-t-il de la loi, maintenant dépouillée d'un embonpoint simulé et réduite au piteux état de squelette? trois points majeurs, aux yeux de certaines gens :

1° La police aura reçu la déclaration officielle des noms, des demeures, des parts d'intérêts de chaque propriétaire, puis de l'imprimerie autorisée du journal; choses qu'elle ignorait sans doute, choses qui sont propres sans doute à la guider dans ses vastes desseins d'amélioration de l'esprit public.

2° La police aura reconnu, au moyen des pièces probantes, ou par toute autre voie, que tout propriétaire responsable est doué des qualités requises par l'article 980 du code civil, pour servir de témoin aux testamens, c'est-à-dire qu'il est du sexe masculin, qu'il a plus de vingt-et-un ans, et qu'il jouit des droits civils; conditions qui ne sont pas exorbitantes du droit commun.

3° Enfin, comme les menus plaisirs du public

sont aussi sacrés que les vaniteuses joies de la police, il sera loisible à chacun de lire chaque jour les noms, prénoms et surnoms des propriétaires responsables, placardés au frontispice du journal.

Mais comment retenir le sentiment d'indignation, comment le comprimer entre les bornes resserrées qu'imposent aux libres mouvemens de l'ame, on ne sait quelle politesse, on ne sait quelle décence, qui au pays de France, font une si large place aux manœuvres de l'intrigue et de la perfidie.

L'article 15 parle assez : et le bout de voile dont le commissaire du roi a tenté de couvrir ses motifs, en affirmant qu'il est imité de l'Angleterre, où les noms de l'imprimeur et d'un des éditeurs sont mis en tête de chaque journal, se déchire à l'instant ; car il n'y a aucune analogie entre les propriétaires responsables et les libraires éditeurs.

L'article dit tout. On espère que les hommes honorables répugneront à se laisser afficher sur une feuille volante, à s'exposer sans défense aux traits du sarcasme et de l'ironie, aux complots de la haine et de la vengeance. On espère que les journaux, livrés à des êtres sans consistance, sans retenue, et bientôt rebutés par l'opinion générale, n'opposeront plus aucune résistance à l'arrêt de mort dès long-temps médité. Tels sont les moyens de réprimer la licence, de garantir l'ordre public.

Cependant le ministère est content; il a obtenu par pièces et morceaux à peu près ce qu'il voulait, autant qu'il lui fallait; il a réussi non pas à convaincre l'esprit, mais à induire la volonté. Pour des natures subalternes, le charme de tromper les hommes console quelque peu d'être si souvent heurté et froissé par les choses.

Et par une dernière prouesse, bien digne de couronner tant de beaux faits d'armes, il parviendra à lancer un royaliste pur contre le boulevard du royalisme pur, à menacer un journal qui charmait les vétérans du trône et de l'autel, et qui, grace aux souvenirs les plus touchans, passait peut-être sous d'augustes regards; il parviendra à se venger de la vertu, à punir le dévouement, à réprimer l'attachement, à frapper d'un coup qui succède à tant d'autres, la plus noble existence.

Contre une feuille dont les services datent de trente années, sans compter ni le temps de guerre, ni les blessures, pour lui donner son congé de réforme, il a suffi d'un amendement jeté au milieu des cris, enlevé en un quart-d'heure.

Ainsi s'établit une nouvelle théorie de législation; ainsi s'applique le grand principe de la division du travail à la fabrication des lois. Plaignons les Solons, les Licurgues futurs; la charge leur est infligée de brocher un article de loi pour chaque cas qu'amèneront les dés du sort, et de mouler la loi à la juste mesure de tel et tel homme, au lieu d'assouplir, d'asservir les hommes au joug commun de la loi.

La leçon n'a pas tardé à porter son fruit ; car dans la même séance, en vertu du bienheureux antécédant, il a été adopté un paragraphe d'article, modelé par un pareil procédé, et rédigé avec une telle naïveté, qu'avant mille ans et plus, il ne pourrait s'adapter à nulle autre personne qu'à la veuve sous entendue.

Est-ce donc en cette façon que la chambre des pairs a l'habitude de travailler en lois ?

La voilà cette loi qui, après avoir passé de filière en filière et de crible en crible, après avoir
été débattue au conseil du cabinet, au conseil
d'État, au conseil privé, après avoir coûté à la
chambre des Députés tant de peine et de trouble
et de temps, est tellement déformée et transfor-
mée, qu'elle ne plaît plus à personne et ne convient à aucune fin, qu'elle ne dit rien de ce qu'elle
devait dire, et ne fait rien de ce qu'elle devait
faire.

D'où vient cela ?

Le Ministre avait à déterminer des intentions
diverses et à dissimuler ses secrètes intentions :
il se présentait, non pas en face, mais de profil et
en faux fuyant, toujours prêt à s'échapper par la
tangente, en cas de résistance, toujours inquiet
d'être débusqué de sa position acquise, en es-
sayant de se fortifier sous des remparts nouveaux.

Ainsi, il ouvre une main pour saisir et ne
lâche rien de l'autre main ; il convoite ce qui lui
manque et retient ce dont il jouit : larges et pleines
réserves sont faites de tous droits, pouvoirs,

priviléges conférés par les lois antécédantes ; la censure reste, la tendance demeure, la prison persiste ; même la faculté de refuser l'autorisation est laissée en vigueur.

C'est en outre et en sus, au-delà et par delà, c'est comme en appendix, que sont sollicitées tant de mesures étrangères et étranges.

Et cela réussit !

Dans un corps quelconque, quand la majorité n'est pas compacte, homogène, identique, c'est-à-dire, tant qu'elle n'a pas été mise en fusion et fondue en un bloc, dans le creuset de la vénalité ou au foyer des passions ; il y a gêne et embarras à se mouvoir, il y a répugnance à bouger, à marcher, il y a crainte de broncher au premier pas, de heurter contre la moindre pierre.

La force d'inertie existe dans l'ordre de la nature, puissance conservatrice par essence, principe de repos, cause de durée. Voyez le quartier de rocher, qu'un coup de foudre a détaché de la montagne, a roulé jusque dans la plaine : l'éternité inoffensive passera par dessus ; où il choit, à jamais il gît : en Bretagne, il a pour nom : *pierre qui chôme.*

De même, dans l'ordre social, mille et mille choses sont, parce qu'elles ont été et seront, parce qu'elles sont : le hasard, l'intrigue, le crime peut-être, leur aura donné naissance ; il n'importe : le temps en voile l'origine, en consacre l'existence. Cela est : là s'arrête et se brise, et se résoud en une écume vaine, le flot montant de l'intelligence, de la volonté humaine.

C'est ainsi qu'au lieu de sonder les fondemens et de reprendre l'édifice en sous œuvre, on s'est mis en frais et en peine pour opérer le replâtrage d'une masure.

Quelles étaient les lois existantes? les lois ont-elles été exécutées? Tels devaient être les termes préalables de la discussion.

S'il existe des lois, il faut coordonner les nouvelles avec les anciennes ; si les lois n'ont pas été exécutées, on ne peut se plaindre de leur insuffisance.

Une enquête parlementaire devenait indispensable à l'égard de l'exécution des lois.

Tous les écrits, tous les articles répréhensibles ont-ils été poursuivis au moment de leur apparition? la voix publique, cette voix qui trop souvent crie sans raison, sous les bons et doux gouvernemens, mais qui s'élève toujours avec justice contre une administration arbitraire a déja répondu sur ce point.

Pourquoi tel écrit, tel article n'a-t-il été poursuivi qu'après le délai d'un mois, d'une année, qui laissa au mal le temps de s'opérer, qui provoqua le coupable à récidiver? Ici il n'est pas besoin de la voix publique ; c'est le pouvoir qui se condamne lui-même, en dénonçant enfin le délit.

Comment la justice a-t-elle prononcé dans les causes qui lui ont été soumises? Son indulgence prouverait que l'accusation lui a semblé trop tardive pour que la punition portât une leçon, ou tellement dictée par l'esprit de vengeance, que l'arrêt aurait connivé au complot en frappant les prévenus.

L'enquête devait rechercher ensuite si les délits de la presse n'ont pas augmenté, ne se sont pas aggravés, en raison peut-être de tels et tels actes du pouvoir, de tels et tels projets de loi qui, à la rigueur, n'étaient pas nécessaires au salut de l'Etat ; car il serait peu décent de réclamer des lois d'autant plus repressives, au fur et à mesure de l'excitation qu'il plairait de porter aux passions des peuples, aux haines des partis.

Le résultat de ce travail rendait enfin la paix à ces consciences timorées, qui parfois sont tentées d'hésiter entre les deux termes de ce dilemme : est-ce le pouvoir qui est en droit d'exiger la réforme de la loi? est-ce la loi qui est en droit d'exiger la réforme du pouvoir?

Après l'accomplissement de l'enquête, il convenait de procéder à l'examen de l'effet des lois, attendu que si le vice générateur du désordre ré-

sidait dans la loi même, il y aurait peu d'espérance d'étouffer ce vice au moyen de lois nouvelles,
et qu'il serait au contraire fort à craindre que ces
lois nouvelles ne fussent aussi imprégnées d'un
germe de vice.

Les lois de pénalité se présentent en première
ligne. Quant aux amendes, il n'y a nullement à se
récrier contre leur exagération : car chacun en a
connaissance et peut éviter le coup; seulement,
si par hasard les amendes sont établies dans la
vue de punir et réprimer les délits, comme elles
ne sont appliquées qu'en vertu d'un arrêt, il faut
prendre garde que l'arrêt prêt à frapper ne se retire, ne se retienne devant l'excès des amendes.
A cet égard, un siècle s'écoulerait avant que dût
cesser l'étonnement éprouvé, au spectacle des
plus graves orateurs dissertant avec chaleur sur
le vocabulaire de la pénalité, dont d'autres personnes doivent, à tête reposée, tourner ou passer
les feuillets.

Du moins il n'a pas été question d'aggraver le
maximum ou le minimum de la prison; et une
telle retenue semble annoncer que des idées justes
commencent à percer sur ce point. Quels sont les
juges qui auraient condamné à la prison, fût-ce
pour un délit ultra légal, un Bergasse, un La Men-
nais, un Montlosier même? Quels sont les juges
qui condamneraient, sauf en cas d'outrages, les

hommes d'un certain poids dont les noms vont être placardés en tête de l'œuvre qui ne sera pas leur œuvre? Il est fâcheux que ces idées inspirées par quelque retour de pudeur, aient été aussitôt refoulées par la honte d'avouer une erreur.

Eh! qui sait mieux que les gérans éphémères de ce triste coin de terre, qu'ici bas, tout est au poids de l'or, et qu'en taxant en façon d'amendes les plumes ennemies, elles ne seront pas plus réfractaires que les langues amies, tarifées en valeur de primes.

Maintenant c'est sur le droit de poursuivre pour fait de tendance, que doit se porter l'attention.

Sous ce rapport, toute la pensée a été développée dans la première partie de cet écrit; mais il faut ajouter que la loi devrait se guérir de cette ignoble manie ou plutôt se délivrer de cet astucieux système, de parler à mots couverts, en langage à double entente, au moyen de quoi, ses interprètes s'érigent trop souvent au rang de ses organes; la loi doit parler net et marcher droit : en place de la vague et vaine expression de tendance, il conviendrait d'employer ces termes clairs et précis, l'esprit du journal.

La justice de la loi se démontre en peu de mots. C'est en raison de l'intensité du mal opéré, que s'élève le degré de criminalité du délit, et

c'est sur le degré de criminalité, que doit être
mesurée la gravité de la peine. Or, un article isolé
et flottant dans l'espace, se borne à frapper, à
émouvoir, et ne saurait susciter un sentiment fixe
exercer une influence durable; souvent même,
d'autant qu'il sort du ton accoutumé, d'autant
qu'il s'emporte hors de la convenance, la répugnance plutôt que la faveur, se charge de lui répondre. Le venin du mal, quelque pénétrant qu'il
soit, ne s'imbibe qu'avec le temps, que par une
action lente et successive, aux entrailles les plus
avides.

Le mal, le délit, la peine, tout cela ressort en
raison comme en équité, de telle ou telle série
d'articles, conçus dans le même sens, jetés à certains intervalles, développés avec un art progres-
sif, lesquels manifestent l'intention, déterminent
le résultat et constituent l'esprit du journal.

L'utilité de la loi est également sensible; la
peine de prison est décévante, le dommage des
amendes est illusoire : la punition, la correction,
la répression ne s'obtiendront que par un seul
mode, par le mode de suspension et de répression, et il serait impossible de prétendre en théorie, plus qu'impossible de faire passer en pratique
que l'une ou l'autre de ces peines fût prononcée,
à raison d'un ou deux articles, peut-être échappés
dans la vivacité du travail et toujours expliqués,

justifiés en une manière quelque peu plausible.

Mais convient-il de laisser au ministère la faculté d'user de la censure dans les circonstances critiques et sous sa responsabilité.

Il faut le dire hautement, s'il existait en France quelque sentiment de moralité politique, quelque idée nette de la légalité, si la hiérarchie était efficacement établie entre les pouvoirs sociaux, si l'harmonie était maintenue entre les paroles de la loi et les actes du ministère, au moyen de ce que ces actes fussent incessamment comparés aux paroles et approuvés ou réprouvés en conséquence ; pour lors, la faculté d'user de la censure devrait être consacrée à jamais, car son emploi peut devenir utile et ne saurait plus être nuisible.

On sait trop ce qui en est, puisque les ministres n'ont pas même été interpellés sur les motifs qui avaient pu les décider à prendre cette mesure ; et rien n'est plus déplorable, attendu que s'il n'est point rendu compte de la conduite suivie en vertu d'une loi facultative, les pouvoirs doivent trembler d'en prolonger la durée, bien que cela fût commandé pour parer à des périls inattendus.

Toutefois, l'abus de la censure ne semble pas dans ses plus fâcheux résultats, pouvoir être balancé avec les précieuses garanties que doit porter en certains cas l'emploi de la censure ; si l'arbitraire non contrôlé, non réprimé, menace de traîner le char de l'État dans un bourbier, d'où nul effort ne sera capable de le tirer, au moins il faut un certain laps de temps avant que cette honteuse fin soit accomplie; au lieu qu'en un clin d'œil, à l'heure même, quelque crise révolutionnaire, éclose dans des circonstances opportunes, est appelée peut-être à le précipiter jusqu'au fond de l'abîme où l'œil étonné ne saurait plus en apercevoir les tristes débris.

Ministres trop chanceux cette fois, félicitez-vous, glorifiez-vous, s'il se peut que vous en ayez le cœur! ce sont vos méfaits même, qui contraignent à vous remettre, en dépit de tant de craintes, l'égide préservative de la censure; vos méfaits qui luttant incessamment contre les insignes faveurs du ciel, ont ravi à la France royaliste, toute union, toute force, toute espérance, et l'ont dissoute comme en poussière; vos méfaits qui en sens inverse ont laissé se recruter, se constituer en corps de nation, possédant ses lois et ses chefs, jouissant de la puissance du nombre et de l'habileté du génie, la France libérale.

Mais quel opprobre, quel désespoir pour tous les nobles cœurs, pour tous les esprits droits, que la censure soit destinée peut-être, à devenir en telle ou telle occasion, la seule arme efficace de la France royaliste, contre la France libérale.

Il faut entrer enfin dans la question relative à l'article 1er de la loi de 1822, dont l'application, telle qu'elle a été effectuée, tend directement à l'anéantissement des journaux, à la ruine de la liberté de la presse, à la destruction de l'ordre social : question qui n'a été débattue en aucun pays doué d'institutions libres, parce qu'elle n'y offrit jamais l'ombre d'un doute ; question qui, deux fois abordée à la tribune, n'a été repoussée que par ces fins de non-recevoir, si habiles à prohiber la raison, à proscrire la justice.

En premier lieu, le rapporteur a répondu : que personne ne peut établir un journal sans autorisation, suivant la législation qui nous régit, et que la commission se serait bien gardée de proposer une disposition qui porterait une telle atteinte aux prérogatives du trône. (*Quotidienne*, 28 février.)

En second lieu, le commissaire du Roi a répondu : que la proposition était en contradiction avec la charte..... Que l'amendement serait le rapport de la loi de 1822, et serait donc une usurpation sur l'initiative royale..... Que la peine de suppression d'un journal deviendrait illusoire, si le journal pouvait reparaître sous un autre titre et sans autorisation. (*Débats*, 6 mars.)

Or, en prononçant ces paroles foudroyantes, le commissaire du Roi ne se doutait pas que cinq jours après, le 10 mars, il était prédestiné à présenter, à faire passer un sous-amendement, tendant à entravér la publicité des faits et débats judiciaires, lequel constituait une usurpation sur l'initiative royale et se trouvait en contradiction avec la charte.

Et le rapporteur ne se rappelait plus, qu'il venait naguères de proposer la disposition de soumettre à la censure, toutes les brochures au-dessous de l'in-18 ; et de plus, la disposition de prescrire qu'en cas de diffamation, l'audience aurait lieu à huis-clos ; lesquelles portaient atteinte aux prérogatives du trône et violaient ouvertement la charte.

Certes, la charte est sacrée et le principe de l'initiative royale est éminemment tutélaire : mais au-dessus de tous les droits du trône, de tous les pouvoirs de la société, il existe deux puissances transcendantes ; l'une de l'ordre positif, l'autre de l'ordre négatif, que sont forcés de reconnaître, et ces droits, et ces pouvoirs : la nécessité, l'impossibilité sont leurs noms. Nul peuple, nul homme, n'a eu le talent de se sauver du joug de la nécessité ; et quelque loi, quelque charte qu'il y ait, le devoir et l'honneur ne savent plus à quel saint se vouer, alors que la loi ou la charte, en se mettant en opposition avec elle-même, ont fondé, ont créé l'impossibilité.

Or, dans le système actuel, où la faculté de concourir à la formation des lois est accordée aux chambres, il faut choisir entre ces deux alternatives, soit d'adopter ou rejeter les projets en entier, ce qui n'a pas encore été opéré, sans doute pour bonnes raisons ; soit d'admettre la méthode des amendemens qui sont toujours différens, et souvent destructifs des propositions du trône, comme le prouve une expérience de douze ans.

Cependant l'article 1er de la loi de 1822, qu'on prétend vainement couvrir d'une double égide, ne donne-t-il pas ouverture à deux questions préjudicielles ; l'une relative à sa rédaction, l'autre provenant de son application.

Le texte exprime une règle générale, permanante, absolue ; laquelle est, sans aucun rapport avec le droit éventuel, de rétablir la censure des journaux dans le cas de circonstances critiques et sous la responsabilité ministérielle ; laquelle n'est pas même en analogie avec le projet de soumettre à la censure, les imprimés au-dessous de l'in-12, que la Chambre a repoussé comme contraire à la charte.

Telle qu'elle a été conçue jusqu'en ces temps, la censure ne s'exerce que sur l'écrit, sur l'œuvre produite par l'écrivain; et l'œuvre accomplie présente un fait, un acte dont le danger est susceptible d'appréciation, dont le délit deviendrait réel par la publication : la censure banale peut donc et doit souvent préserver la société, protéger l'auteur même.

D'ailleurs, ce n'est jamais que tel ou tel écrit, qu'un écrit spécial et partiel qui se trouve atteint par la censure. L'auteur n'est pas assommé du coup, n'est pas étouffé d'emblée; il reprend haleine, il se rend à la leçon; et après un pamphlet voué aux ténèbres éternelles, peut-être surviendra-t-il quelque autre ouvrage digne d'être offert à la lumière.

Le fameux article 1er est tout autre dans son sens littéral. C'est l'homme même, accompagné de son intelligence et suivi par sa plume, qui est condamné en personne, qui est mis hors la loi; c'est l'homme intellectuel, y compris toutes les productions dont le germe réside en son sein et doit se développer sous l'influence des circonstances.

« Jette ta plume, débarrasse-toi de ton intelligence, fais-toi eunuque d'ame. Que t'importent la patrie, l'humanité? Tant d'autres n'y pensent nullement. La loi ouvre les limbes devant toi; tu ne pécheras plus; bénis la loi. »

. Ainsi parle l'article à tous les esprits que leur goût ou leur talent destinait à écrire dans les journaux, sorte d'esprits qui ne sont à craindre, à blâmer, à punir, que par la sottise des lois, qui ne seront jamais à dédaigner que par la sottise des gouvernemens.

Un tel système ressemble à la censure simple, de même que la mode chinoise de noyer les enfans débiles ou bossus, ressemble à la nouvelle méthode de redresser les travers de la conformation.

Mais la rédaction de cet article avait été admise de confiance : le mal vient de ce que dans son application, le ministre a jugé à propos de s'attacher à la lettre plutôt qu'à l'esprit, non sans mépriser l'intention du législateur, non sans violer la foi de ses promesses.

L'article n'était adopté qu'afin de garantir l'exécution des jugemens de suspension et de suppression; l'article n'a été employé que pour prévenir la création de tout nouveau journal. Nul ne l'ignore, et pourtant la tribune, la presse gardent le silence : il y a assentiment tacite.

La plus grande vérité a été prononcée à la tribune et a retenti dans tous les esprits; attendu que chacun en avait la pensée ou le sentiment ou l'instinct, qui se sont réveillés au son des paroles. « Vous avez conservé de la révolution plus que vous ne croyez, plus que vous ne voudriez. »

Or, ce qui a été surtout conservé de la révolution, c'est l'empire, l'ascendant, la suprématie du fait, *de ce qui est*. Quant aux hommes, on ne s'enquiert plus d'où ils viennent, comment ils ont agi : ils se seront mis ici ou là. Ils y sont; qu'ils y restent. Aussitôt rendus à leurs fins, ils n'y a plus de parvenus.

Quant aux choses, peut-être vont-elles mal, fort mal même; peut-être vont-elles en dépit du bon sens, et, qui pis est, au détriment du bon droit; cela ne fait rien : elles vont; qu'elles aillent de même tant qu'il se pourra. Quel est le fou qui y mettrait obstacle?

Vainement l'art. 1er de la loi de 1822, a été appliqué de la manière la plus condamnable : on n'y porte nulle attention; on n'observe pas s'il a été exécuté autrement qu'il n'était entendu, si l'action de la loi n'a pas été contraire à l'intention de la loi.

Et à Dieu ne plaise que le ministre soit poursuivi, soit condamné; ce serait un exemple trop fâcheux. Mais, parce qu'il n'est pas puni pour avoir fait la loi autrement qu'elle n'était faite, faudrait-il que la France fût punie, en ce que la loi resterait faite comme il l'a faite. Voyez, rien ne peut étonner.

Seulement daignez observer que, suivant le texte matériel, l'art. 1er confère aux ministres la faculté indéfinie de refuser l'autorisation, bien que le seul but fût d'empêcher un journal supprimé de reparaître sous un autre titre; et, comme aucun journal n'a été supprimé encore, ne sera jamais supprimé peut-être, il s'ensuit que, pour obvier à un inconvénient incertain, improbable, la loi prescrit une mesure dont l'effet se réalise à tout instant, se perpétue dans l'avenir.

Daignez observer que cette faculté, dont l'exercice était conditionnel dans la pensée des législateurs, devient équivalente par la manière dont elle a été appliquée, à une loi de prohibition absolue pour tous les journaux à naître : combinaison analogue à celle qui défendrait toute nouvelle concession du port-d'armes, de peur que quelque braconnier auquel son fusil aurait été enlevé, ne parvînt à emprunter, à dérober un autre fusil.

Considérez enfin qu'il existe des moyens aussi efficaces pour obvier à l'inconvénient qu'on doit prévenir.

D'abord cet inconvénient ne se rencontre que dans le cas de la suppression d'un journal : mesure dont nous sommes bien éloignés, puisque depuis

cinq ans la justice ne s'est permis qu'une fois d'u-
ser du bénéfice de la loi, et encore n'a pas dépassé
le terme d'un mois de suspension : mesure dont
nous nous éloignons plus que jamais, attendu que
sous les rigueurs de la loi nouvelle, la justice, at-
tentive à rétablir la balance, portera d'autant plus
d'indulgence dans ses arrêts.

Or, la loi étendant sa prévoyance au-delà des
vues de l'art. 1er et remarquant qu'il importe également d'empêcher que le journal condamné s'as-
socie avec un autre journal ou le substitue en sa
place, la loi, pourrait défendre l'envoi de tout
journal, pendant un certain temps, aux abonnés
du journal supprimé ou même suspendu, et empêcher le tirage d'un plus grand nombre d'exemplaires, pendant ce temps, pour toutes les feuilles
de couleur analogue.

La loi pourrait accorder aux ministres, le droit
de refuser l'autorisation, non par un *veto* absolu,
mais d'une manière suspensive pendant un ou
deux mois; elle pourrait leur donner le pouvoir
d'intenter une action en justice contre tout
journal soupçonné de remplacer le journal condamné.

Et qu'on y songe bien, les moyens les plus rigides sont à la fois efficaces et tutélaires quand
leur exercice est déféré à la justice, tandis que des
moyens doux en apparence deviennent perfides,

désastreux dès lors que leur emploi est abandonné à la police.

Au reste, le projet actuel s'il devait être transformé en loi, répond à tout. Quand même tous les autres articles seraient mis au rebut, il suffirait de celui qui permet aux ministres de contester la déclaration des nouveaux journaux et de renvoyer la cause aux tribunaux, pour mettre l'État à l'abri du risque de voir ressusciter sous un autre titre, le journal supprimé ou suspendu. Un tel procès, durerait en première instance près de deux ou trois mois, pendant lequel temps, les abonnés prendraient enfin leur parti ; en sorte que, le journal ressuscité serait réduit à travailler sur nouveaux frais.

Maintenant, c'est au rapporteur et au commissaire du Roi, d'expliquer en termes clairs et précis, comment la peine de suppression d'un journal deviendrait illusoire sans l'article 1er de la loi de 1822 ; comment l'amendement tendant à son rapport, serait plus que tant d'autres amendemens, une usurpation sur l'initiative royale ; comment il est licite à un ministre, d'exécuter une loi, en sens contraire de celui qu'il lui donnait lui même et que les Chambres entendaient lui donner; comment enfin, il est obligatoire, sous prétexte de respect pour les prérogatives du trône, de conserver, c'est-à-dire de consacrer de nouveau, un article de loi, tellement hostile à la Charte, tellement favorable à l'arbitraire, tellement opposé au sens commun.

Le ministère est conséquent dans sa marche, son but est d'anéantir les journaux : et il prohibe les nouveaux ; il entrave, il tourmente les anciens, dans l'espoir ou qu'ils se laisseront prendre en flagrant délit, ou qu'ils finiront par se rendre à discrétion. Satan aussi, ne veut que la mort du pécheur.

La Chambre des Députés, qui veut seulement sa conversion et n'aspire qu'à donner quelque leçon, qu'à imposer quelque pénitence, est moins conséquente ; car la leçon et la pénitence, auraient été plus efficacement dispensées par la concurrence que de toute autre manière.

Et s'il était vrai, comme maintes gens sont tentés de le croire, qu'un esprit d'ire et de haine ne lui fût pas entièrement étranger, elle serait alors presque inconséquente, puisque la vengeance la plus éclatante eût consisté à lâcher dans la lice, contre les ennemis, un grand nombre d'adversaires.

Enfin, s'il était vrai, comme il est défendu d'en douter, que ses désirs, ses desseins ne tendent pas à l'abolition de tous les journaux libres, elle serait tout-à-fait inconséquente, attendu que le projet de loi est uniquement combiné, dans la vue de parvenir à ces nobles fins.

La Chambre des Pairs plane dans une sphère plus élevée, plus étendue ; ses destinées paraissent être de préserver la législation des erreurs échappées à l'autre Chambre, de parer les coups dont les peuples sont constamment menacés par le ministère, de calmer, de guider l'opinion publique en la ralliant, en la raffermissant autour du trône tutélaire.

On pourrait seulement désirer que le sentiment de ses forces lui fût mieux connu, et que ses actes prissent un caractère plus prononcé, plus soutenu. Depuis trop long-temps, si ses efforts avortent, si nos espérances s'éloignent, si les dangers deviennent de jour en jour plus imminens, puisse-t-elle enfin le sentir, il faudrait se résoudre à frapper le grand coup.

Les Pairs vont recevoir le projet de loi : ils y verront une longue suite d'articles exceptionnels, et non pas une loi ; ils y verront de la matière à faire une loi, et non une loi faite sur la matière. Qu'en feront-ils ?

La question des journaux attirera surtout, absorbera peut-être leur attention ; dans le projet, elle est scindée, afin de se donner plus beau jeu pour la trancher à son gré, d'abord sous une face,

puis sous l'autre : le projet établit une classifica-
tion entre les journaux, les range sous deux ca-
tégories isolées, ceux qui existent et ceux qui ne
sont pas nés. Quant aux premiers, ils ont la vie
sauve, au moins pour le quart d'heure ; ils auront
même la vie éternelle, sous la condition expresse
de ne plus pécher : à l'égard des derniers, la loi
fait main basse, c'est-à-dire qu'elle les laisse à la
merci du pouvoir ; ils seront étouffés au berceau.
La vérité rencontre toujours un Hérode.

Mais pourquoi la loi a-t-elle deux poids, deux
mesures ? si les inventeurs n'en rougissent pas, les
auditeurs en seront scandalisés. Vainement avec
l'art. 1er de la loi de 1822, on essaiera de leur fermer la bouche, on ne réussira qu'à leur ouvrir les
yeux et l'article ne supporte pas la lumière.

Quel était le but, le sens, l'esprit de cet article ?
le Ministre l'a défini lui-même, l'a déterminé à la
tribune, et les Chambres l'ont admis, l'ont reconnu
d'après le Ministre. Voici ses paroles :

« La nécessité de l'autorisation n'est que pour
les journaux à créer dans l'avenir ; cette disposition, je le déclare, n'a été placée dans la loi que
comme moyen d'exécution de la précaution fondamentale prise dans cette loi contre les dangers
de l'insuffisance des mesures qui avaient été adop-
tées. Je m'explique ; la nécessité de l'autorisation
a pour objet, de rendre exécutables, les mesures

de la suspension ou de la suppression proposée dans l'art. 3 de la loi : (*Moniteur*, séance du 8 février 1822.)

« L'art. 1ᵉʳ de la loi se rattache à l'art. 3, de manière que nous agitons, pour ainsi dire en même temps, les trois premiers articles. Cet art. 1ᵉʳ remet au gouvernement l'autorisation des journaux ; il la lui remet, et nous vous l'avons déja dit, parce que nous pensons qu'il n'y a pas de répression possible pour les délits des journaux, ailleurs que dans la peine de la suspension et de la suppression. (Séance du 12 février). »

Or, il n'y a que cela dans l'article ; l'article n'est que dans cela. Les lois sont écrites avec des mots ; les mots sont pris dans tel sens ; le sens est fixé par l'entente. Les lignes matérielles du texte n'ont d'autre objet que de graver sur le papier, les traces fugitives de la pensée. La lettre tue et l'esprit vivifie.

La loi exprime la volonté des Chambres ; la volonté dérive de l'intention ; l'intention constitue la loi. Si l'exécution est contraire à l'intention, à la volonté des Chambres, c'est-à-dire à la loi, il y a félonie, il y a trahison de la part des ministres. Accusez-les, condamnez-les, ou seulement expulsez-les ; vous aurez à la fois puni le délit et sauvé l'Etat.

Et si l'exécution est contraire aux paroles, aux

garanties données par les ministres, il n'y a pas moyen de vous sauver de la conséquence; méprisez-les : ce mot dit tout en France. Il n'y aura plus besoin de les frapper, de les chasser.

En tous cas, la violation de la loi n'opère pas la falsification de la loi; tant de crimes commis en ce bas-monde ont enfreint et n'ont pas aboli les sentimens, les principes de morale. Telle qu'elle est née, la loi vit; bien qu'elle ait été mutilée, la loi survit.

Quel serait l'effet, le résultat de cet article, ainsi qu'il est interprété, exécuté? Dans les temps, le ministre daigna l'expliquer ainsi :

« Pour être conforme à l'esprit et à la lettre de la charte, il suffit que cette loi ne livre pas à la discrétion du gouvernement l'influence que les journaux peuvent exercer sur l'opinion....

« La charte a consacré une combinaison de pouvoirs et de droits dont quelques-uns dépendent de la libre expression de l'opinion publique. Ces pouvoirs et ces droits seraient atténués et pourraient être compromis si des organes aussi actifs, des influences aussi puissantes sur l'opinion que le sont les journaux, étaient soumis à la direction d'un de ces pouvoirs et pouvaient être employés par lui contre les autres.....

« De tous ces pouvoirs, celui de la Chambre élue est le plus dépendant de l'opinion, celui qui tire d'elle le plus d'appui, celui qui réagit le plus sur elle. (*Moniteur*, séance du 8 février 1822.) »

Or, s'il était jugé à propos d'armer le ministre des moyens multiples offerts par le projet, après qu'il a été trouvé juste et décent de le laisser libre dans ses achats de journaux, tôt ou tard tous les journaux actuels disparaîtraient; et, par la vertu dudit article, aucun autre journal ne les remplacerait.

Voilà donc les journaux livrés à la discrétion du gouvernement, soumis à la direction d'un des pouvoirs; voilà les pouvoirs et les droits consacrés par la charte atténués, compromis; voilà la charte abolie, la pairie perdue, le trône renversé. Ou du moins, pour accomplir de telles fins, il ne manque qu'un homme, qu'un démon. Est-ce si rare ?

Sous ce point de vue, l'imagination demeure stupéfaite, en voyant les mêmes personnes qui s'étaient persuadées naguère qu'un certain ministre conspirait contre son maître, maintenant se montrer empressées à fournir les moyens d'accomplir un tel dessein, au ministre futur qui en serait tenté.

Enfin, cet article est-il conforme à la charte, à cette charte qui, toute ébranlée et fracassée, est encore le rampart protecteur de ses ennemis déclarés; à cette charte qui, brisée et détruite

par tant de coups redoublés, laisserait un triomphe certain, à la force des bras, au nombre en
chiffres, à la souveraineté du peuple?

On ne sait trop si aucun passage du divin Platon
a subi autant de commentaires que l'art. 8 de la
charte, et cependant le sens de cet article est manifeste, de même que l'esprit de l'œuvre est in-
contestable.

Les Français ont le droit, ont la liberté de publier leurs opinions. — La publication est donc
l'acte préalable. — En se conformant aux lois. — La
punition attend donc le délit. — Les lois doivent
réprimer les abus. — Réprimer n'est pas prévenir;
le choix a été fait entre ces deux mots. Les abus
ne devancent pas l'usage; l'usage est permis, puisque les abus sont prévus.

Mais, dira-t-on, les journaux sortent du droit
commun. C'était en posant la règle que l'exception
devait être précisée : il existait alors des journaux;
il n'y a pas cause d'ignorance. La charte confère
ou reconnaît aux Français le droit de publier leurs
opinions; les journaux expriment une sorte d'o-
pinions, offrent un mode de publication : l'espèce
est comprise dans le genre.

En mettant un des modes de publication hors la
loi, voyez plutôt où cela mène. Déjà les formats
au-dessous de l'in-18, de l'in-12, les pamphlets

au-dessous de cinq, de dix, de vingt feuilles, ont couru le risque d'être coulés à fond, ont été démâtés par la violence de la bourasque; et l'ennemi se tenant en embuscade, les guette à la sortie du port, complotant, après leur défaite, de lancer sur le gros de la flotte, ses brûlots de nouvelle invention.

Si la charte avait dû faire une exception à la règle, quant aux journaux, du moins elle n'aurait pas voulu faire une exception à l'exception, parmi les journaux; tolérant les uns parce qu'ils existent, et proscrivant les autres avant qu'ils soient nés; protégeant ceux qui ont donné lieu à tant de plaintes, et repoussant ceux qui porteraient les espoirs les plus légitimes.

Les Français sont égaux devant la loi; toute industrie est libre; tout privilège, tout monopole est prohibé. Inflexible parce qu'il est équitable, équitable tant qu'il est inflexible, le niveau de la loi passe indifféremment, indistinctement sur tous les actes de la vie sociale.

Si la charte avait fait une exception, quant aux journaux, elle en aurait fait une règle commune à tous les journaux nés et à naître; et cette règle eût été appliquée non d'après le fait, mais selon le droit; cette règle eût été appliquée par la justice et non par la police.

Si la charte avait fait une règle exceptionnelle

à l'égard des journaux, elle aurait été guidée par la considération qu'un journal qui diffère en cela d'un pamphlet, constitue une œuvre plutôt qu'un ouvrage, une œuvre entreprise dans tel sens et poursuivie avec le même esprit : d'où il résulte que si le sens est condamnable, l'œuvre doit être arrêtée, et qu'au lieu de quelque fragment du texte, c'est l'esprit dominant de l'œuvre qui doit être traduit en justice.

Ainsi la charte aurait été amenée à imposer le système actuel de suspension et de suppression, aux journaux existans, et se serait bornée à prescrire certaines conditions peut-être, aux journaux naissans ; en réservant aux tribunaux le pouvoir de prononcer dans l'un et l'autre cas.

PENSÉES

DU VICOMTE DE BONALD.

Il faut prendre un gouvernement tout entier, et, en profitant de ses avantages, se résigner à ses inconvéniens....

On réclama hautement la liberté d'écrire et de publier ses pensées par la voie de l'impression, et la liberté illimitée de penser et d'écrire devint un axiome du droit public de l'Europe, un article fondamental de toutes les constitutions, un principe enfin de l'ordre social....

Aujourd'hui que le gouvernement peut tout contre le citoyen, ne doit-il pas laisser au citoyen quelque abri contre un pouvoir si illimité ?....

Peut-être, au premier instant d'une explosion, les déclamations des journaux ne seraient pas sans quelque danger; mais à la longue, et lorsqu'on a à lutter contre des causes secrètes de désordre, leur silence ne serait-il pas plus dangereux encore ? L'État, si l'on veut, peut être troublé par ce que peuvent dire les journaux; mais il peut périr par ce qu'ils ne disent pas....

L'Angleterre a vu le danger et a voulu s'en préserver, en posant en loi la libre circulation des journaux, comme la sauvegarde de l'État, et elle n'a pas cru que ce fût trop du public tout entier, dont les journaux sont les sentinelles, pour servir de contre-poids au pouvoir immense d'un ministère responsable...

L'intérêt de la nation étant que les ministres soient éclairés, ils ne doivent pas fermer eux-mêmes la seule voie par laquelle l'opinion véritablement générale peut arriver jusqu'à eux....

Heureuse la nation, dans de telles circonstances, où ce combat n'a pour champ de bataille que les journaux ! L'opposition armée n'a cessé en Angleterre que depuis qu'elle est devenue littéraire. L'opposition des journaux amuse les partis et trompe les haines....

On s'est d'ailleurs, et plus qu'on ne pense, familiarisé avec les journaux, et ils ont même ce genre d'utilité que le dernier gouvernement avait très bien senti, qu'ils contentent à peu de frais les partis, qui ne se croient pas perdus tant qu'ils peuvent parler. C'est une illusion qu'il faut laisser aux craintes et aux espérances............; s'il y a de l'avantage à diriger secrètement et presque imperceptiblement les journaux vers un certain but, il y a peu et très peu d'adresse à emboucher la trompette législative pour annoncer que désormais il ne s'imprimera rien que sous le bon plaisir de l'autorité....

Or, que les représentans d'une nation, chargés de stipuler les droits et les garanties de la liberté civile et politique, confèrent par une loi, à des hommes déja armés du terrible droit d'emprisonner à volonté tout citoyen qui leur sera suspect, le droit plus étendu et plus dangereux d'étouffer toute pensée qui leur sera odieuse ; et qu'ainsi les ministres, au droit qu'ils ont d'agir seuls, ajoutent le droit de parler tout seuls ; c'est, en vérité, ce que tout législateur tremblerait d'accorder, même lorsqu'il croirait, comme citoyen, la mesure utile....

Mais, dit-on, l'autorité surveille pour n'être pas obligée de punir. L'autorité devrait plutôt punir, même avec sévérité, pour n'être pas obligée de tant surveiller. La répression légale des journaux est préférable à la surveillance administrative....

Il faudrait que la justice fît la police, et non pas que la police fît la justice. Un magistrat inspire plus de confiance que des commis.... La police met à l'individu les fers aux pieds et aux mains ; la justice trace autour de lui un cercle qu'elle lui défend de franchir. L'homme n'est pas libre sous l'action de la police, il est libre sous l'action de la loi ; et la liberté est assurée tant que la justice est satisfaite.... (*Moniteur*, 28 janvier 1817.)

FIN.

A. PIHAN DELAFOREST,

Imprimeur de Monsieur le Dauphin et de la Cour de Cassation,

'RUE DES NOYERS, N° 37.

DES JOURNAUX

A L'OCCASION

DU PROJET DE LOI

SUR LA PRESSE.

FIN.

Ainsi s'éteignait la concurrence, ainsi se concentrait l'influence ; et l'influence concentrée, de même que les rayons du soleil réunis au foyer d'un miroir, devient incendiaire (*Des Journaux à l'occasion du projet de loi*, suite, page 18.)

PARIS,

A. PIHAN DELAFOREST,

IMPRIMEUR DE M. LE DAUPHIN ET DE LA COUR DE CASSATION,

rue des Noyers, nº 37.

1827.

Le Fanatisme anti-catholique ;
La Politique Royaliste à l'égard de la Péninsule ;
*Des Journaux à l'occasion du projet de loi sur
la Presse ;*
Deux suites de ladite brochure.

On voyait bien comment nos institutions étaient
nécessaires. Quand toutes les relations ont été
dissoutes, toutes les habitudes brisées, le gouvernement ne va plus tout seul : le mouvement
machinal s'arrête ; il faut recourir à un moteur
nouveau. L'opinion et la force s'offrent à cet effet ;
l'opinion guide le sceptre ou le sceptre use de la
force. Mais la force, à moins qu'elle ne soit in-
vestie du prestige, serait bientôt ébranlée par le
choc, entraînée par le flot de l'opinion : un cercle
vicieux ramène au même point ; il est préférable
de partir de ce point même, de gouverner à l'aide
de l'opinion. Tel est le but de la Charte.

On ne voyait pas comment nos institutions seraient possibles. Des conditions essentielles sont
affectées, sont attachées à toute existence ; si elles
manquent, l'existence cesse. Ainsi le système
constitutionnel a pour principe vital, l'opinion.
C'est sous le sceau de l'opinion qu'il est consacré :
les Pairs, les Députés ne sont tels, qu'en vertu
d'un titre plus ou moins sanctionné par elle. C'est
dans le sol de l'opinion qu'il s'enracine ; en se dé-
tachant d'elle, en s'isolant, le système est bientôt

privé de toute force. Le droit, le pouvoir, dérivent de l'opinion.

La statistique fait mention des chambres d'Angleterre. Grandes figures d'apparat, les fils qui les font mouvoir sont tenus, sont maniés par l'opinion. En ce pays, les Chambres ne se considèrent elles-mêmes qu'à titre d'organes, quant à l'intérêt général, à titre d'arbitres entre les intérêts privés. Et, pour se rendre organes, il leur faut écouter, entendre l'opinion publique, expression animée de l'intérêt général, dont la presse semblable à un miroir ardent, est appelée à concentrer, à réfléchir les lumières. Pour se porter arbitres, il leur faut consulter, balancer les vœux et les droits exposés au nom des intérêts privés, auxquels l'esprit d'association prête un corps, souffle une voix.

Sous ce dernier rapport, en accueillant une députation des libraires et des journalistes, la commission de la Chambre des Pairs a fait un pas immense dans les voies de la vérité, de la nécessité.

L'individu pris à part n'est qu'un atome ; la société saisie en bloc n'est qu'une formule : entre l'individu et la société, se rencontrent les seules existences palpables, les seules influences appréciables, les agrégations d'intérêts analogues. Au moyen de leur création, il n'existe plus un seul être dont la parole ne soit pesée et la voix comptée, dont l'intérêt et le droit ne soient mis en valeur, érigés en puissance par son alliage, sa fusion avec tous les intérêts homogènes, avec tous les droits identiques. Et c'est justice, c'est sagesse : l'Angleterre en tire toute sa force.

Mais prenez garde : ces atomes d'individus, à l'aide des associations, acquièrent de la consistance, de la prépondérance : ce n'étoit que poussière ; maintenant ce sont des masses qui luttent entre elles, qui triomphent l'une de l'autre, et dans leurs débats, par leurs succès, heurtent et froissent les élémens isolés, ébranlent et troublent l'équilibre général. Ainsi s'établissent les privilèges trop communs autrefois, les monopoles non moins rares aujourd'hui.

Pour lors la société n'est plus qu'une vaine formule, dénomination abstraite de telle peuplade constituée en royaume ou en république, et circonscrite par des limites naturelles ou factices, dont il est fait usage pour fixer l'idée sous les rapports géographiques. La société, dans l'acception morale de ce mot, n'existe plus; et la société ne renaîtra, ne revivra qu'autant que le pouvoir s'attachera à reconnaître, à soutenir, à favoriser l'intérêt général, s'occupera de provoquer la formation de l'opinion publique, traduction sensible de cet intérêt.

Ainsi la commission de la Chambre des Pairs a voulu entendre les libraires, les journalistes; mais

elle n'aura appris d'eux que ce qui les concerne,
que ce qui les touche. Les journalistes, par exemple, ont méconnu jusqu'à présent que tout monopole est périlleux, étant en butte aux attaques
du pouvoir, et n'ayant pour défense aucun droit
légitime, aucun intérêt auxiliaire : leur bouche
ne se sera ouverte que dans le dessein de s'assurer
la paisible jouissance de leur privilège absolu.

D'autre part, les ministres n'auront parlé qu'à
l'effet d'obtenir les moyens de saper et détruire
cette existence ultra-légale, dont la fausse position
et les fréquentes aberrations leur prêtent de puis-
sans motifs d'argumentation.

C'est à la commission, c'est à la Chambre des
Pairs qu'il appartient de rechercher avec scrupule
les caractères de l'intérêt général, qui sont voilés
pour ainsi dire sous les prétentions rivales des
ministres, des journaux, et que l'opinion publique,
si légère, si étourdie, ne peut représenter dans
leur vérité.

Dans la cause dont les débats vont s'ouvrir devant un tribunal éminent, et dont le jugement doit
avoir tant d'influence sur les destinées de la
France, les qualités sont mal posées : ce sont des
parties simulées entre lesquelles ont lieu les plai-

doieries; les ministres, les journaux apparaissent à l'audience sous la vaine forme de leurs personnes, sous l'accident fortuit de leurs noms.

Or, la justice de même que la politique, ne reconnaissent point telles et telles personnes, n'admettent pas les noms de ceux-ci plutôt que de ceux-là, dans l'être du ministère, du journalisme : c'est un être de nature abstraite, un être catégorique qui forme un genre ; l'espèce ne doit pas être prise pour le genre.

Il faut donc mettre de côté, les ministres et les journaux, existences éphémères, que le sort jette sur la scène et en expulse le lendemain ; il faut même pénétrer plus avant et observer que le ministère, le journalisme, dans l'acception générale de ces mots, ne sont que les agens, les instrumens du gouvernement, de l'opinion, dont trop souvent ils ravissent le titre et usurpent l'autorité.

Les parties fondées en droit, les parties intéressées, sont le gouvernement, l'opinion publique ; et comme un telle clientelle, accoutumée à payer en honneur plutôt qu'en profit, est peu recherchée, est mal défendue, nul espoir n'est laissé ni à l'un ni à l'autre, si la cour suprême refuse de les prendre sous son patronnage.

Est-ce au gouvernement ou à l'opinion que la cour doit porter plus de foi, marquer plus de faveur ? le problème est réduit à des termes simples.

Quant à la foi, s'il y a moyen de lui substituer le jugement; faites-en épargne, car vous n'avez devant vous d'un bord et de l'autre, que des prête-noms, sorte de gens dont les paroles sont souvent trahies par eux-mêmes, toujours reniées par les remplaçans.

Quant à la faveur, il y a deux écueils à éviter : au nom de l'opinion publique, les écrivains qui se présentent en son lieu et place, trop disposés en dépit de leur bonne foi, à confondre les vœux précis de l'intérêt privé avec les vagues besoins de l'intérêt général, exigeront tant de liberté en thèse abstraite, tant de privilèges en pratique, qu'il serait grandement à craindre que les accens de l'intérêt général ne fussent méconnus sous le cri de l'intérêt privé.

Au nom du gouvernement, les fonctionnaires qui semblent exprimer sa pensée, n'obtiendront jamais assez de faveur pour être mis en état de se défendre quelques instans seulement, contre les assauts qu'il leur a plu de provoquer depuis cinq ans, et obtiendront toujours trop de faveur pour le compte de leurs successeurs, qui se comporteront comme eux, qui compromettront de même l'État déja ébranlé : si après que le mépris de l'opinion publique a perdu les uns, son silence forcé laisse les autres sans flambeau qui les guide, sans frein qui les réprime.

Ecoutez M. le vicomte de Bonald : « L'intérêt de la nation étant que les ministres soient éclairés, ils ne doivent pas fermer eux-mêmes la seule voie par laquelle l'opinion véritablement générale peut arriver jusqu'à eux... L'État si l'on veut, peut être troublé par ce que disent les journaux ; mais il peut périr par ce qu'ils ne disent pas. » (28 *janvier* 1817.)

Mais la question doit être envisagée sous une face plus large. Voilà le gouvernement et voilà l'opinion publique : qu'on ne porte foi ni à l'un ni à l'autre ; qu'on porte faveur à celui d'entre eux qui a fait le plus de bien, le moins de mal.

Fouillez les annales du monde. Sous le rapport de la politique, s'il y a parité de nombre entre les guerres de cabinet et les guerres de nation, il y a contraste pour le résultat ; les premières générale-ment honteuses, les secondes constamment glo-rieuses, ainsi que cela doit être. Sous le point de vue de l'intérieur, dans l'état de calme, l'opinion ne parlant qu'à demi-voix, le gouvernement est libre dans ses mouvemens, est seul comptable des in-justices, des infortunes, des infamies dont l'his-toire se lasse à rendre le récit ; et dans l'état de trouble, les torts, les forfaits se succèdent, se confondent, se partagent assez également d'un bord et de l'autre, avec cette différence essentielle que le gouvernement a le plus souvent donné naissance aux haines, donné raison aux révoltes, donné occasion à ses périls, à ses revers.

La Charte existe : est-ce un bien, est-ce un mal? On peut controverser sur cette thèse pendant une éternité, attendu que chacun voit ce qui est avec la Charte, et que nul ne sait ce qui serait sans la Charte. Il n'importe, au reste; c'est un fait accompli, consommé.

Lors de l'invention de la Charte, l'autorité suprême s'aperçut sans doute que les conditions anciennes de son exercice, passées d'habitude, effacées de la mémoire, étaient difficiles à rétablir, impossibles à affermir; et se rappela peut-être que dans les derniers temps, la direction des erremens politiques fut trop souvent envahie par les menées de l'intrigue, trop souvent entraînée au détriment de sa gloire, de sa sécurité.

Ainsi l'autorité fut induite à se désister du pouvoir absolu, à se dessaisir de la force matérielle; fut induite à organiser la puissance morale de l'opinion, à la constituer sous des formes précises et limitées, à faire jouer son mécanisme au grand jour.

Et par suite, l'opinion domine les mouvemens de la société de même que sous la monarchie l'honneur en réglait l'action. L'opinion concourt à tout : son scrutin légal préside à la formation de la Chambre élective, et participe par ce moyen à la désignation des ministres ; son accueil ou son contrôle accompagne la nomination des Pairs, influe plus qu'on ne pense sur la conscience même de leur force.

Deja ce germe subtil, ce principe pénétrant s'est propagé dans tous les organes de l'ordre social, et se manifeste sur tous les points, à toutes les occasions. La justice et le barreau, les sciences, les lettres et les arts, l'industrie et le commerce, les salons et les cafés, les jeux de la scène, les pompes du décès, en font foi. Il n'y a pas jusqu'aux ministres qui ne le sentent, puisqu'ils tremblent.

Mais que dire du peuple, de l'armée ? masses énormes, où le mouvement intestin est lent à percer, plus lent à éclater ; masses ineptes, dont dispose presque toujours quelque impulsion étrangère. Insensé qui se fierait à leur état apparent d'inertie ! En un clin-d'œil, on les voit passer du calme au désordre, de la torpeur à la frénésie.

Les gens viennent alors, et prétendent faire rentrer entre cuir et chair, l'opinion qui sort par tous les pores, prétendent étouffer le germe du mal en coupant la fièvre d'éruption , non sans courir le risque que l'humeur encore bénigne, tant qu'elle s'exhale et s'évapore au dehors, ne tourne soudainement en un virus corrosif qui porterait le feu dans les entrailles.

Pauvres gens, ils n'ont pas appris en classe que le germe du mal est souvent identique avec le principe du bien, et que l'opinion est un moteur également apte à agir dans tous les sens; semblable à la vapeur, si l'on veut, dont la force expansive doit être contenue et réprimée pour éviter les plus terribles accidens, et néanmoins ne peut être remplacée par aucune machine, pour faire mouvoir des rouages de plus en plus compliqués.

Pauvres gens, ils n'ont appris ni par le jugement, ni par l'expérience, que sous la forme qui lui a été donnée par l'acte de la volonté royale et par l'action des temps qui est armée aussi de légitimité, la société française vit uniquement de l'opinion; ils n'ont pas appris que l'autorité, ayant abdiqué des titres désormais impossibles à faire valoir, s'étant, par la double vertu de la délicatesse et de la nécessité, dessaisie du maniement de la force matérielle, aussitôt qu'elle répudierait l'alliance, l'assistance de la force morale, resterait dépourvue de toute puissance.

Or, voilà la vérité : et si, au sein des plus nobles cœurs, une routine invétérée, surannée, s'obstine à ne pas la reconnaître ; si, dans la tête des agens du pouvoir, une manie indomptable, incorrigible, ne cesse de la mépriser ; comme cette routine, cette manie, ne sont point douées d'un talisman pour dominer les volontés, pour surmonter les résistances, quiconque s'abandonne à leurs conseils, attend sa fin.

Qu'on écoute plutôt les paroles d'un homme que ne consulta jamais l'intrigue, que ne comprit jamais la sottise, et qui, dans le désert, non loin du seuil de l'autre vie, n'a de larmes que pour sa patrie.

« Qu'est-ce que je vois ? un ministère qui est tout et une nation qui n'est rien ! un trône en l'air sur deux chambres en l'air ! au-dessous, une multitude inquiète !!! » (*Essai sur la Propriété*, 1821, page 154.)

Qu'on nie le mouvement de la terre ! Au moins cette idée ne tombe pas dans l'absurde, puisque tous les phénomènes de l'orbe céleste s'expliquent de même par les deux suppositions. Il fallait des calculs d'un ordre transcendant pour atteindre à la vérité des choses.

Qu'on nie l'influence de l'opinion ? Ce serait faire un bien autre pas dans la carrière de l'erreur ; ce serait partir d'un principe absurde pour en tirer des conséquences perfides ; et au lieu d'expédier à Poissy, les mains liées derrière le dos et la bouche close par le baillon, les Galilées de l'opinion, il conviendrait plutôt de faire déposer à Charenton les Zoïles de la civilisation.

Mais qui est-ce donc qui nie l'opinion, sauf qu'au préalable il n'ait été renié par elle? Qui est-ce donc qui tente d'étouffer toute lumière, à moins que chacun de ses rayons ne lui semble chargé de la foudre vengeresse? Qui est-ce qui implore le retour des ténèbres, si ce n'est à l'imitation du hibou, que la nuit installe au trône des airs.

Sortons de l'absurde : il n'émane que du bord des lèvres et ne repose au fors intérieur de qui que ce soit. Or, si l'opinion est reconnue à titre de puissance essentielle, de puissance indépendante et peut-être récalcitrante, il reste seulement à découvrir comment l'État doit obtenir son aide et conquérir sa force, comment il peut s'approprier un outil qu'il n'y a pas moyen de briser, et qui travaille à son détriment, si ce n'est à son profit.

Telle est la question nettement tranchée.

Il faut plaindre l'État qui n'aspire qu'à se sauver de l'opinion, qu'à esquiver l'opinion; autant vaudrait que l'oiseau prétendît se sauver du milieu qui le soutient, où il se meut. Hormis sous le sceptre de l'autocratie religieuse et sous la chaîne des habitudes sociales, l'État ne s'établit, ne se consolide que par l'opinion.

Expression un peu vague dont le sens est mal interprété, dénomination souillée par les forfaits qui lui ont été attribués, qu'est-ce en réalité que l'opinion? D'où vient-elle, comment agit-elle, où aboutit-elle?

Eh mais! il faut le demander à ceux-là qui s'insurgent, s'irritent, s'acharnent contre l'opinion publique. L'esprit qui leur souffle la pensée est identique avec l'esprit qui l'inspire elle-même; ce sont deux espèces dans le genre. Ils font de l'opinion sans le savoir; seulement leur opinion étroite et bornée ne veut pas de l'opinion franche et large. Si le sort lui amenait des prosélytes en nombre, l'opinion privée deviendrait l'opinion publique; et maintenant opposante par accident, elle deviendrait dominante par essence. Daigne le ciel éviter à certains individus un triomphe qui tournerait en revers; car, pour être conséquens, ils seraient tenus de la répudier sur-le-champ.

Toute dénégation de l'opinion, toute diffamation de l'opinion signifient, quant aux personnes dont la conduite est réfléchie, le dessein aussi vain en intention qu'en exécution, de faire prévaloir l'opinion privée sur l'opinion générale. Et certes, il n'existe ni rationnellement ni expérimentalement aucune présomption légitime que la première vaille mieux que l'autre.

Tant que la secte des matérialistes politiques n'aura pas refait à neuf l'*homme machine* de la Mettrie, opération qui, pour le dire en passant, n'est désormais réalisable qu'à l'égard de la génération naissante, n'est réalisable qu'avec l'aide des générations existantes, qui tout autrement organisées, agiraient à contre-cœur et à contre-sens ; tant que l'homme machine ne sera pas formé, tant que la société machine ne sera pas fondée, il y aura dans cet être fait à l'image du Très-Haut, sentiment, pensée, jugement; il y aura entre tels et tels de ces êtres, entre tant et tant de ces êtres, concordance de sentiment, de pensée, de jugement. Voilà ce que c'est que l'opinion publique.

L'expression seule manquait encore, si le ciel n'avait accordé à l'homme la parole et le regard, si l'homme n'avait acquis avec le temps la plume et la presse. Et quels sont les ingrats, les rebelles qui prétendraient lui ravir les graces du ciel, les faveurs du temps? Malheur à eux : dans l'opinion reléguée, repoussée, refoulée, l'expression des organes moraux ne tarderait pas à être remplacée par l'expression des forces physiques.

Il y a pétition de principe : non pas de la part du ministre, auquel l'expérience a démontré ce que lui dictait la prévision en 1822. « En réduisant le nombre des journaux, vous concentrerez les abonnemens, vous ne diminuerez pas le nombre des lecteurs. » Car s'il travaille à réduire les journaux existans, à rejeter les journaux naissans, c'est qu'il n'y a pas d'autre voie pour parvenir à les détruire, à les anéantir en totalité : sa conduite est éminemment rationnelle.

C'est autre chose, quant aux Chambres. On leur dit : les journaux font l'opinion de leurs lecteurs; s'il y a peu de journaux, les lecteurs seront peu attirés, l'opinion sera peu excitée. Or, c'est faux : moins il y aura de journaux, pour peu qu'il en reste un ou deux cependant, les lecteurs seront plus assidus, l'opinion sera plus ardente; d'autant qu'en raison même du petit nombre, ils prendront un ton d'arrogance, de malignité, qui pique la curiosité et charme la passion; d'autant que par la même cause, les cours de justice contraintes à s'inquiéter de la chose publique, à protéger le trône contre ses agens, et la Charte contre ses organes, ne puniraient plus, ne suspendraient ni ne supprimeraient qui que

2

On leur dit : l'opinion est enfantée, est sus-
tantée, est animée par la lecture seule; il n'y a
plus de brochures; qu'il n'y ait plus de journaux :
et toute lecture cesse, et toute opinion languit,
s'éteint, faute d'alimens qui la nourrissent, faute
d'irritans qui la provoquent.

Ainsi la presse périodique doit être mise sous
le scellé : c'est un grand pas; mais ce n'est que le
premier pas. En parlant des hommes, nous disons
nos semblables, justement parce que tous les êtres
de cette nature sont nés en sympathie, sont tenus
en harmonie, et s'entendent entre eux, non par
un seul organe, d'après un tel mode; mais par
tous les organes, d'après tout mode quelconque :
la lecture, la parole, les signes, les gestes leur
servent tour à tour et leur suffisent à cet effet. Un
des organes manque-t-il, les autres y suppléent :
tous les organes manqueraient-ils, sauf un seul,
le dernier survivant s'animerait d'une énergie
supplémentaire, afin de les remplacer.

Et quelle misère dans le projet qui fait tant de
bruit! Enchaîne-t-il la langue, engorge-t-il l'ouïe,
entrave-t-il les mouvemens? Jusqu'à cette heure
les prétentions ne s'élèvent pas aussi haut. Crève-
t-il les yeux seulement? Hélas non! la vue reste
intacte : il ne lui est soustrait qu'un seul mode de
transmission, pour le sentiment, pour la pensée;
l'organe est apte encore aux immédiates commu-

nications, à l'aide des rayons visuels, est capable encore d'une communication intermédiaire, à l'aide *des traits divers de figures tracées,* à la main, c'est-à-dire.

Quelle misère ! Parmi tous les moyens de relation entre les hommes, le projet ne menace que la presse, que la presse périodique, qu'une partie de la presse périodique. Il y a loin de ces mesquines tentatives, à la fin tant convoitée de tarir à sa source, d'obstruer en son cours, d'engloutir à son dernier terme, l'opinion publique.

On n'attaque qu'une des voies de communication, on ne tente pas même de la couper, au moins pour l'instant ; on se borne à la rétrécir. Toutes les autres voies restent libres, l'esprit humain s'y précipitera ; et leur pente est encore la plus rapide ; l'abîme les couronne.

Il n'est pour la société que deux dangers capitaux, les émeutes populaires, les révoltes militaires : elle périt sous leur coup. Elle survit bien qu'abattue, affaiblie, aux atteintes de sorte différente, et se relève, se rétablit au retour des temps propices ; il arrive même que les crises de l'ordre intellectuel amenant des paroxismes en sens inverse, d'une part raniment le principe inégal de la vie, de l'autre épurent et purifient des humeurs peut-être funestes.

Or, ce sont ces crises salutaires qu'on prétend

étouffer; c'est sous le coup fatal qu'on s'efforce à pousser la victime.

Faudrait-il croire que les ministres sont prédestinés à conduire jusqu'à sa fin naturelle l'œuvre entamée sous les plus tristes auspices? L'opinion n'éclôt, n'est couvée qu'au sein de l'opposition et lors de leur avènement, l'opposition dominante étant royaliste, il n'y avait point de risque à courir de la part de l'opinion, il n'y avait point de craintes comme à cette heure, de la porter aux dernières extrémités en l'aigrissant, en la comprimant.

Les ministres apparaissent; et élevant, agitant la bannière ravie aux rangs royalistes, c'est à sa défense, c'est à sa gloire, que par un art détestable, ils prétendent rattacher les projets de la plus niaise vanité. Ainsi, l'opposition naturellement rejetée dans les rangs libéraux, à laquelle on pouvait avec l'appui de la justice et de la raison, faire adopter toutes les conceptions vraiment monarchiques, est irritée sans cesse, est recrutée au delà de toute mesure; et l'opinion qui se forme, se concentre dans ce foyer ardent, menace d'une explosion terrible, d'une révolution, puisqu'il faut dire le mot.

Quand même il y aurait moyen de lui opposer une force suffisante, encore serait-il peu sage d'augmenter le nombre, d'accroître la rage des ennemis. Mais si la force, au contraire, doit être entraînée, être soulevée par l'opinion, de sorte à se retourner au moment critique, en aggravant les périls, en précipitant l'époque, c'est faire soi-même, la révolution.

Qu'est-ce que l'état actuel des choses, auquel se rallie le projet officiel et sur lequel s'appuient les complots secrets? sinon un traité à forfait passé par la fraude, entre la nécessité et l'impuissance d'abolir la presse périodique, entre le pressentiment du coup mortel qu'elle doit porter au ministère et la vaine tentation de faire quelque résistance ou d'ajourner la catastrophe.

Il n'existe qu'un petit nombre de journaux : la morne et sordide opinion a patiemment souffert, et l'ignoble intrigue a vivement pressé leur subite réduction ; mais d'autant que s'approche le terme final de l'extinction, l'opinion se réveille et se révolte, l'intrigue est repoussée, est déroutée. Le dernier pas est toujours le plus pénible à faire ; on ne songe pour l'instant qu'à se pourvoir d'armes nouvelles, qu'à se tenir prêt à profiter de l'occasion.

Et la loi est invitée à consacrer, à consolider le privilège tombé au pouvoir des journaux existans, est engagée à protéger, à couvrir sa possession au moyen des barrières de plus en plus renforcées, du cautionnement, du timbre, du tarif, dont la clef est en outre laissée aux mains du ministère.

Or, il faut le répéter encore, le répéter seulement, car l'évidence saisit d'abord tout esprit qui ne se refuse pas à l'accueillir : qu'on accorde la liberté et qu'on impose la censure !

« La police, s'écriait le vicomte de Bonald, met à l'individu les fers aux pieds et aux mains ; la justice trace autour de lui un cercle qu'elle lui défend de franchir... L'homme est libre sous l'action de la loi. » Justes et nobles maximes, dans lesquelles il n'y a qu'à substituer, au mot de la police, la prohibition, au mot de la justice, la répression ; expressions presque synonymes.

L'homme est libre sous l'action de la loi ! oui sans doute, si la loi passe le niveau sur toutes les têtes ; non sans doute, quand la loi concède aux uns le monopole, ravit aux autres la faculté : ou plutôt une telle loi n'est pas la loi.

Une telle loi agit à l'instar de la police, mettant les fers aux pieds et aux mains, tandis que la loi vraie trace un cercle sous lequel tous les êtres sont compris, tous les actes sont permis.

Qu'on impose donc, ou pour mieux dire qu'on accorde la censure ; car en comparaison de l'état actuel des choses, c'est la censure qui représente, qui remplace la justice, qui prépare les temps où celle-ci devra être érigée dans toute sa vérité.

Sous ce regime, au moins les airs sont ouverts : et le ciseau qui rogne les ailes, tandis qu'il doit réprimer un élan trop impétueux, affecte à peine les mouvemens d'un vol plus modéré.

Mais à Dieu ne plaise que l'intention soit ici de soutenir une thèse, d'établir un théorême de justice, comme sur les bancs de l'école! Lorsque l'état marche à sa ruine, nulle considération abstraite, fût-elle d'équité transcendante, ne prévaut, ne pèse dans la balance; il faut courir aux remèdes efficaces quelle que soit leur nature. Et certes le péril est imminent, est peut-être insurmontable !

Telle est la France, ainsi que les ministres l'ont faite au prix de leurs sueurs, en dépit de nos cris. D'un bord, le parti libéral s'accroît en nombre, s'exalte en haines, est poussé par tant de mesures acerbes, à franchir la limite de ses vœux naturels, à s'élancer par delà le terme de ses véritables intérêts; de l'autre bord, une faction du parti royaliste enlevée au sommeil de paix et flattée par des rêves insidieux, omet de recenser ses forces, de se rappeler ses mécomptes, de jeter un regard autour d'elle sur l'univers, un regard en avant d'elle dans l'avenir.

Ici, c'est l'oriflamme de la monarchie absolue; là, c'est l'étendard de la liberté plénière sous lesquels se rangent toutes les passions, toutes les habitudes, toutes les idées, qui s'éloignent, s'écartent de jour en jour, comme pour prendre du champ et revenir à la charge, tant que l'un ou l'autre soit enfin renversé, foulé aux pieds.

Or, demandez au nombre, demandez à la force où sera le triomphe : ils n'ont jamais trompé. Puis demandez au temps, régulateur occulte des destinées de ce vain monde où sera le succès, le succès réel et solide; il ne vous trompera pas non plus : nulle part, s'écriera-t-il.

Car après une mêlée aussi acharnée, aussi prolongée, lors du partage des dépouilles, les guerriers se débanderont, se diviseront, dévoués à subir une nouvelle ère de discordes, jusqu'à ce que la main de fer d'un fils de la fortune les rende enfin au repos de l'esclavage.

Les jours ne sont pas aussi loin qu'on pense, où le théâtre de nos dissentions civiles envahi par des factions encore inconnues, offrira aux regards du spectateur interdit, à droite, les longues douleurs, à gauche, les courtes joies.

Eh bien! si les ministres ont donné l'impulsion au cours désastreux de ces perturbations, ce sont les journaux même qui d'abord emportés par le mouvement imprimé, maintenant l'entretiennent, l'accélèrent, le précipitent vers le terme fatal.

C'est une fatalité dont les causes ont été développées ailleurs, dont les effets ont été retracés par un noble duc, dans ce tableau si chaud, et pourtant vrai de couleur (1), dont le joug commence à peser, s'il faut en juger par la péroraison d'un journaliste traduit en justice : « Je confesse que le ton des journaux a maintenant quelque chose d'exalté et d'impétueux qui doit affliger les amis de l'ordre.... Je déclare qu'il est rare que je ne sois pas contristé en lisant une feuille quotidienne, ou en jetant sur le papier les pensées qu'on y lira le lendemain. Cet état ne me va pas. » (*Journal du Commerce*, 8 avril.)

C'est une fatalité impitoyable, comme ce dernier mot le montre assez. Les lois de l'ordre mathématique ne se laissent point enfreindre : ici le chiffre dispose.

Tout journal est chef de file d'un parti plus ou moins considérable ; et d'une part harcelé et pressé par les vœux impatiens de la troupe qui le suit ; d'autre part, jaloux d'enlever par un mouvement rapide, des rangs qui, rendus au calme, s'éparpilleraient peut-être, il faut que son ton exalté enflamme, que son allure impétueuse étourdisse.

De plus, l'ambition, la vanité ne tardent pas à poindre. Quel rôle glorieux que de mener au

---

(1) *Des Journaux à l'occasion*, etc., page 17.

combat une masse d'opinions, de rompre en visière aux ministres, de leur lancer les traits de l'animadversion publique ! quel espoir enchanteur que de parvenir à ébranler leur crédit auprès du trône et des Chambres, à installer sa cotterie sur des sièges enfin devenus vacans ! Et quand la société est retombée dans le cahos, quand une crise paraît imminente, chacun est porté à croire que le triomphe doit couronner un des partis les plus prononcés.

Ainsi tous les journaux poussent à l'extrême, et semblent appeler avec ardeur cette époque décisive que leur conduite tend à rendre aussi prochaine que fatale : où la société divisée entre des doctrines si opposées, devra nécessairement se jeter sous l'empire de l'une ou de l'autre. (*Mémorial catholique*, septembre 1826.)

Ceux-là mêmes que guident les plus nobles intentions manquent aussi de mesure, manquent encore plus à l'à-propos. L'idée interne travaille, bouleverse les cerveaux à plaisir, leur entrée étant fermée au rapport des sens : l'idée se parle et se répond à elle-même, expose et conclut à la fois ; innocente qui ne se doute pas qu'au dedans ce n'est qu'une bouffée de rêves ; qu'au dehors il y a la vérité des choses. Il faudra que l'évènement vienne le lui apprendre.

Les augures les plus frappans sont méprisés ; on

ne veut pas voir qu'une opinion immense en nombre doit devenir de plus en plus hostile, lorsqu'il ne lui est offert aucun point mitoyen, aucun centre commun, auquel la crainte ou la fatigue auraient pu la ramener, autour duquel il y aurait eu moyen de la raccorder avec des opinions différentes. On ne veut pas voir que tout système absolu tranche net et sépare les partis en bons et en mauvais, comme au jugement dernier, que la thèse débattue sur le papier doit être résolue les armes à la main, que les gouttes d'encre doivent se métamorphoser en flots de sang.

Où se rallier? comment se rapprocher? Les journaux seuls portent la parole, soufflent la pensée; et les journaux en dispute sur tout autre point, ne s'accordent que contre des ennemis communs : la vérité, la raison, la justice.

Faudrait-il rapporter en preuve quelques faits récens où leur conduite si peu sensée, si passionnée, a trouvé le secret de donner raison aux ministres.

Les jésuites. Le fait était accompli, était inaperçu; on ne sait qui vient à y songer, et soudain c'est la colonne de lumière, c'est la torche de l'incendie. Ils tuent les rois; les rois seraient tués sans eux. Ils forment des hommes pieux; les hommes se pervertissent à leur école. Ils défendent la religion, la religion leur devra sa ruine. La question est posée trop haut. Au fait, les jésuites peuvent à peine le bien, ne veulent point le mal : le nom existe, le nom ressuscite; mais l'être est éteint; les espoirs, les craintes s'agitent en l'air. Un parti a ravi leur bannière : combattez le parti, épargnez la bannière. De faux amis leur font des ennemis réels; invitez-les à renier les faux amis. D'une part, en les couvrant de l'autel, vous l'exposez aux attaques; de l'autre part, en les écrasant sur l'autel, vous le souillez, vous le perdez.

Le Portugal. Au dire des uns, quelle charte merveilleuse! Elle a reçu le baptême du tropique; elle va donner aux peuples le sacrement de la liberté, accompagné du calme et du bonheur : au gré des autres, quelle monstrueuse transaction, qui émane du souverain légitime, qui est modelée sur la charte française, qui doit peut-être exciter le roi d'Espagne à fonder un ordre quelconque dans son royaume de misère. Là, il faut faire avancer notre armée pour lui prêter main-forte; ici, il est expédient de répudier l'œuvre, de révoquer le roi, d'insurger la troupe, de livrer le pays aux guerres civiles. *Il re netto*, la Charte *in pleno*, telles sont les devises opposées. Périsse le Portugal plutôt que les principes! L'accord est parfait sur ce point : c'est si douce chose que de se battre à outrance, quand on se bat par procureur. Et d'aucun bord on ne songe à transiger en Portugal, à organiser l'Espagne, à reconcilier les deux royaumes ; d'aucun bord on ne s'aperçoit que le sud s'embrouille et se charge ; l'éclair brille en vain, le tonnerre gronde de trop loin : admirez les grands cœurs ; ils attendent d'être frappés de la foudre pour prendre peur.

M. Canning ! élève de Pitt, ami de Liverpool, patron des Irlandais, restaurateur des Grecs ! Qu'importe à des royalistes, à des catholiques, à des humains ! De quel droit, par quel motif, dans quel dessein parle-t-il ainsi à la Chambre des Communes ? Au moins l'audience devait se tenir à huis-clos. Les rois, les peuples ont-ils imploré ses conseils ? sont-ils réduits à supporter ses menaces ? Prenez garde ; des germes de discorde, de révolte, couvent de toutes parts ; prenez garde, le premier coup de canon mettrait le feu à cette longue traînée de poudre. Mais qui serait assez simple pour lui porter foi ? Il cache mal son jeu ; s'il évente la mèche, c'est évidemment pour faire sauter la mine au premier jour. Eh bien ! un tel *non-sense,* aiguisé d'une pointe d'honneur national, est accueilli, est applaudi. Il n'y a qu'un cri, un cri si aigre, si revêche, que les accens de la vérité n'osent l'affronter. Tout se tait ; on laisse la triste France se consumer de haines, se fatiguer d'imprécations, hurler vengeance pendant près d'un grand mois.

Le comte d'Appony. Ici, la colère, la fureur, passent de l'autre côté : quoiqu'il se dessèche de jour en jour, le ruisseau de vaine gloire, maintenant limitrophe aux deux camps, les abreuve de même, les enivre tour à tour. Voilà notre honneur encore compromis, et voilà le feu de file, en propos, qui reprend ; seulement le point de mire diffère : l'Angleterre s'efface devant l'Autriche. Y eut-il jamais un plus sanglant outrage ? Les mânes de Sainte-Hélène vont tressaillir sous la pierre glacée ; en vain le héros aura fait son tour d'Europe, semant la mort, portant l'incendie : ses faits et gestes ne seront éternels qu'en la mémoire du deuil. Plus heureux, les lieutenans de l'autre Alexandre n'ont pas vu un empereur gothique méconnaître des titres envahis, n'ont pas vu un ambassadeur faire respecter son maître sous les limites de quelques feuilles de parquet. Encore un *non-sense,* encore un seul cri, encore un ridicule (1).

––––––––––––––––––––––

(1) Ces divers sujets, sauf le dernier, ont été traités dans plusieurs brochures. Quant à M. Canning, les circonstances actuelles engagent à ajouter qu'il est déplorable que par une cause quelconque, la charge de former le ministère lui soit échue, attendu que de grandes résistances doivent se présenter et peuvent l'engager à rechercher l'appui de la faveur populaire, qu'il avait jusqu'à cette heure bravé plutôt

Passons au déluge, s'écrieront les gens; que dites-vous là ? de quoi parlez-vous? Tant de bruit, tant d'éclat, n'ont point laissé de trace ; le temps a passé le rouleau sur la mémoire, nivelant les derniers sillons, livrant le sol à tout autre labeur. Les Jésuites et le Portugal, M. Canning et le comte d'Appony, ombres vaines, ont disparu sans retour. Ainsi sont faits nos cerveaux : une seule idée comble la mesure, absorbant leur *quantum* de capacité, exaltant jusqu'au *maximum* leur énergie. La monomanie est permanente, l'objet seul varie ; maintenant c'est la presse.

Mais quel est le moteur qui, se tenant derrière la coulisse, tient les fils, et à son caprice fait jouer les marionnettes du grand théâtre de l'opinion? Le journalisme! D'un coup de baguette, il jette les esprits en crise, les agite à tort et à travers, puis les plonge dans le sommeil.

De tout temps, soit que le sang ou le sort ait

---

que courtisé, à l'égard de l'émancipation, de la réforme du parlement et de la libéralité des principes commerciaux, trop souvent confondue en France avec la libéralité des principes politiques.

décidé de leurs destinées, les Français se sont montrés rebelles, au moins en opinion, à la loi formelle, à la puissance ostensible, et serviles jusque de conscience, à l'influence occulte, à la prépondérance intellectuelle. La récalcitrance et l'engouement sont les deux traits du caractère national. On a vu paraître tour à tour la sèche philosophie de Voltaire et la morale naturelle de Rousseau, la vogue des États-Unis et la mode de l'anglomanie, l'ascendant et la chute soudaine des Jésuites, puis des parlemens, la manie insurrectionnelle de 1788 et l'esprit contre-révolutionnaire de 1789, le vertige de la liberté et le prestige du despotisme, enfin la ferveur de la restauration et l'abattement actuel des esprits.

Sous la monarchie, ces soubresauts de l'opinion partaient de l'impulsion du parlement, des états et du clergé ; de l'impulsion des livres et des théâtres, des salons de la ville, des antichambres même de la cour. Rien de tout cela n'existe plus ; il faut pourtant que le Français soit mené. Et c'est comme un besoin honteux à satisfaire ; il a soif de se laisser mener, il a horreur qu'on veuille le mener.

Les journaux ont hérité de toutes ces puissances déchues ; ils tiennent l'opinion en tutelle, ayant le pouvoir de lui imprimer une direction quelconque, tant qu'elle reste incapable, ayant le

devoir de lui donner une éducation sortable, qui
la mette en état de se diriger elle-même.

Or, ne demandez pas s'ils abusent d'un pouvoir
dont l'action s'opère sans obstacle, sans contrôle ;
s'ils manquent à un devoir dont l'accomplissement
ébranlerait ou limiterait leur empire ; demandez
plutôt si les journalistes sont des hommes. Ce ne
fut qu'au dernier terme des excès, et encore il n'y
eut qu'un seul membre de la convention, qu'on
entendit s'écrier enfin : J'en ai assez de ma part
de tyrannie.

Dans les régions incultes de l'opinion, au milieu
de ces déserts de sables mouvans, chaque journal
a choisi, a défriché quelque coin de terre circonscrit, s'est créé, non sans peine et sans risque,
une espèce d'oasis ; et certes il en est dans le
nombre qui ont droit aux éloges, aux faveurs
même.

Mais la loi n'aspire nullement à discerner, à distinguer le mérite : elle accepte le fait tel qu'il se
rencontre ; elle légitime toute possession, et interdit toute invasion ; elle élève un mur d'airain
autour de la propriété, à quelque titre qu'on l'ait
acquise. De par la loi, tout journal est confirmé
dans son apanage, dans ses droits de souveraineté sur telle et telle catégorie d'esprits.

A l'un, sera inféodée, une nation de regrets intéressés, de craintes réveillées, de haines inocu-

(35)

lées; à l'autre, une race d'intelligences actives et
d'influences considérables; au dernier, on ne sait
trop quelle secte d'idéologie matérialiste, de libéralisme systématique.

Celui-ci aura reçu l'investiture bénévole sur
tous les débris d'existences anciennes, épars à
grandes distances et chaque jour éclaircis par la
mort; celui-là aura conçu un vaste plan de domi-
nation sur les temps qui sont à naître, se croyant
assez fort, pour dire au torrent des évènemens :
Tu iras jusque-là ; et là, tu t'arrêteras.

Salut à nos maîtres! Leur autorité tient de la
nature du régime patriarcal, du genre de la
clientelle usitée chez les Romains, étant appelée,
étant accueillie plutôt que subie: et si la volonté
qui est asservie, porte impatiamment la chaîne
et n'attend que le moment de la briser, l'opinion
qui s'offre et se livre, tient le joug pour une couronne dont le poids ne charge jamais le front.
L'ascendant est tel, qu'en parlant de la feuille
habituelle, on se sert du terme générique, *le
journal*.

Le journal dispose de la pensée, du sentiment,
des actions; et comme chaque classe de ces serfs
volontaires, occupe une zone limitée, le journal
pris dans un sens abstrait, domine toute la sphère
sociale.

Aussi sous le rapport littéraire, voyez comment

une œuvre est prônée et l'autre déprimée , comment l'opinion est tantôt fouettée, tantôt étouffée, car nul n'aura d'esprit que nous et nos amis.

Sous le point de vue politique, voyez à qui le renom est jeté , sur qui l'attention est provoquée, pour qui sont reclamés et souvent obtenus, les graces, les honneurs, les fonctions : des réputations on ne sait pas pourquoi?

A l'égard des transactions financières, voyez combien il résulte de mécomptes, de pertes. Tel emprunt est délicieux, est détestable, s'écrie-t-on à la fois; et ceux-ci perdent en vendant au plus vite, ceux-là perdent en achetant trop tôt. Allez défricher le commerce d'Amérique, dira une feuille; ne mettez pas dehors, à la veille de la guerre, dira une autre : et dans ce commerce, il est plus facile de semer que de récolter; et avant cette guerre, les navires auront pourri dans le port.

Faut-il parler des bâtisses et des canaux, des fabriques et des mines, tant vantées un temps fut, tant chauffées par la presse périodique, dont le cautionnement tout exorbitant qu'il est, ne suffirait pas pour couvrir les intéressés et l'Etat qui pâtit après eux, d'un pour mille, sur l'intensité des sinistres.

Mais à peine ces malheurs doivent être considérés auprès du dommage qui est porté à la chose publique par l'effet de la suprématie affectée à chaque journal, sur l'opinion d'une masse isolée et compacte.

Quant aux relations avec l'étranger, est-il rien de plus triste, de plus funeste, qu'au nom d'un parti imposant, dont il passe pour être l'organe, attendu qu'il a seul la parole, tel journal mal informé sur les faits et les hommes, aille proclamer des sentimens de haine, de mépris, de défiance contre une nation voisine; en sorte que si la direction des affaires tombait en ses mains, une rupture subite, une guerre acharnée ne tarderait pas à éclater, chaque pays étant jaloux d'aller au-devant des coups de l'ennemi, et se croyant certain de rencontrer peu de résistance.

Quant aux transactions du gouvernement, n'est-ce pas chose également triste, également funeste, lorsqu'à l'appel des opinions ainsi représentées par leur journal, ces ministres qu'un sort condamne à jouer tour à tour le rôle du révêche Misantrope et du mielleux Philinte, cette fois n'aspirant qu'à complaire, se décident à suivre en même temps, des vœux inconciliables autant qu'inconvenables; comme à l'égard de l'Espagne, au secours de laquelle est dévouée en pure perte, notre armée fatiguée de la tâche, au détriment de laquelle est accomplie, la reconnaissance effective de l'Amérique, mesures contrastantes, dont l'une dépasse et l'autre viole les devoirs de l'alliance.

Et pourquoi n'arriverait-il pas, en laissant aller le cours actuel des choses, que dans une crise instante où la foudre aurait frappé enfin un ministère fortement enraciné, où l'aurore du ministère nouveau se lèverait sous de sombres nuages ; quelque journal fort de son influence, puissant en talens, enhardi par des succès, s'érigea en associé du trône, s'arrogea une part dans l'initiative et offrant l'option de la paix ou de la guerre, parvint à obtenir pour un de ses patrons ou de ses cliens, car le titre n'y fait rien, un siège autour de la table du conseil ; tellement qu'au sujet du ministre ainsi instalé, chaque abonné serait en droit de répondre aux badauds impatiens d'apprendre comment a été fait ce choix ; c'est le journal.

Qu'un tyran, n'importe lequel, combine une force majeure d'impulsion et déblaie les voies, de tout obstacle, soit au moyen de la terreur, ou à l'aide du prestige ; qu'un ministre, tel qu'il soit, marche au même but, en corrompant tant qu'il se peut, ou comprimant à défaut, de sorte à esquiver les résistances : dans l'un et l'autre cas, il y a emploi de la puissance matérielle ou intellectuelle ; la volonté est enlevée, est emportée, sans que l'opinion ait été consultée, sans que le jugement

s'y soit prêté : c'est une sorte de servilité machi-
nale, automatique. L'isolement des individus qu'en-
tretient la ruse ou la violence, produit seul l'as-
servissement de l'individu. Il y a déshonneur, il
y a honte; voilà tout.

Mais si un peuple auquel par malheur aurait
été donné la faculté de lire par les yeux, bien
qu'il soit dépourvu de la capacité de lire par l'esprit, allait aliéner son opinion, laissait confisquer
son jugement, à la merci de quelques feuilles vo-
lantes; s'il ne voyait plus, n'entendait plus, ne
pensait plus, qu'à travers cet organe factice, ce
semble superposé à l'intelligence, intercalé entre
les sens et les sensations; ce serait un signe certain que les pouvoirs du cœur et de la tête manquent à son organisation, ou du moins qu'étant
mal constitués et n'étant plus exercés, ils sont à la
veille de faillir tout-à-fait. Un cas pareil ne s'était
vu encore que dans les gorges du Valais. Il y a
abrutissement; il y a opprobre, ignominie.

De même que dans l'Orient, c'est le sultan; dans
l'Afrique, le fétiche; en France, c'est le journal,
dont les oracles sont invoqués, sont implorés pour
enseigner aux gens comment il leur faut vouloir,
agir.

Un tel état n'est pas moins déplorable lorsque
les journaux sont dirigés par des personnes dis-
tinguées dans leurs partis, et quand même ils

exerceraient leur ascendant dans le sens religieux et royaliste. Il n'est tête si forte qui ne soit tournée, il n'est conscience si pure qui ne soit troublée par l'usage du pouvoir absolu; ni doute ni scrupule n'essaient de percer parmi la cohue des applaudissemens : sur le passage du char de triomphe, sont semés à pleines mains les écarts, les excès.

Au reste, que les esprits soient bien ou mal conduits, à peine y a-t-il quelque différence. S'ils sont bien conduits, c'est pour l'instant, c'est par accident : ce résultat heureux provient d'un principe vicieux. S'ils sont bien conduits, c'est qu'ils sont conduits; et là gît l'opprobre; de là, sort le désastre.

Accourez, philosophes dénués d'ame, publicistes privés de sens, littérateurs perdus de goût, jetez, répandez vos œuvres à longs flots, noyez l'attention, la réflexion sous un déluge de phrases décevantes. Qu'importe donc? En aspirant le poison, du moins le cœur et l'esprit sont en action; en savourant ses traîtresses douceurs, ils font un acte : et cet acte s'opère sous des limites, s'arrête à un terme, tandis que l'action, ainsi mise en exercice, persiste, subsiste, prête au premier jour à se mouvoir dans un tout autre sens.

Il y aura relâche dans l'acte, il y aura reprise dans l'action. Dès lors l'espoir est légitime, le remède est apporté par le mal. Les annales de ce monde, assez vieux pour fournir l'expérience, trop vieux peut-être pour la mettre à profit, proclament hautement qu'il est dans la vie intellectuelle, ainsi que dans la vie organique, une force innée et spontanée de réaction; dont les faveurs signalées ont seules préservé l'humanité de tomber enfin, et de croupir à jamais dans l'abîme de la corruption, en fait de mœurs, en fait de goût.

Mais s'il n'y a plus d'action, il n'y aura pas de réaction, car ces crises antagonistes émanent du même foyer, ressortent l'une de l'autre. Un état de langueur, de torpeur, succède. L'être animé, dont les bonds effrayaient, est métamorphosé en une momie. Le principe d'intelligence s'éteint, et l'homme, jadis l'orgueil de la création, à cette heure encore l'orgueil de l'imagination, n'est plus qu'une brute, sauf que l'instinct lui manque.

Or prenez de cette espèce tel nombre que ce soit, et couvrez en un sol circonscrit, affectez-y un nom imposant, vous n'obtiendrez jamais une société, une nation. Ce sera comme la chaîne des forçats ou comme une horde de sauvages, une tourbe d'écoliers.

Les temps sont-ils restés sous le régime patriarcal ou féodal? Félicitez-vous : la chaîne forgée par la nature sera plus maniable sous le doigt régulateur, d'autant que les anneaux auront moins d'élasticité.

Les temps sont-ils échus où le vertige ministériel prétend régenter l'empire? Congratulez-vous : La férule sera toute puissante en menaçant tour à tour chacun de ces grands enfans, jusqu'à ce que l'esprit de révolte ne s'insinue dans leur sein, ne les soulève en masse.

La scène change de face, si déja la vanité éblouissante en fausses lueurs, si la liberté instituée par les lois ou par les mœurs, sollicitent pour tout individu quelque participation aux affaires publiques; et plus encore, si les dissentions civiles, si la dissolution sociale, si l'anarchie, installent au timon de l'État, la souveraineté des volontés, des forces. Pour lors il faut trembler.

On n'a pas oublié peut-être comment, sous la monarchie, comment, dans la révolution, l'opinion d'abord hébétée et puis abrutie, étant inhabile à porter un jugement, inepte à diriger la volonté, s'adonnait au hasard, s'abandonnait sans retour, à la merci de telle ou telle influence parasite; offrant à l'Europe jusqu'alors envieuse, tant de scènes de ridicule et de risée, tant de scènes d'horreur et de haine.

Et, sauf les ministres, quel homme peut douter que sous les formes mitoyennes de son gouvernement, suivant que durera l'état de calme ou que

surviendra l'état de trouble, la France est destinée à jouer tour à tour les mêmes rôles, tant que
les esprits, restant en enfance, ne sauront discerner entre le bien et le mal.

Avez-vous à gouverner de tels êtres, mettez-
leur des fers, tenez les rênes hautes, comprimez
les mouvemens déréglés : il y va de votre salut,
de leur salut même. Mais si les fers sont usés, si
les rênes tombent de vos mains, n'aspirez plus
qu'à leur inculquer le jugement, à leur imposer
le sens commun, à faire leur éducation.

S'il n'y a moyen de vous sauver de l'opinion,
tentez de vous sauver par l'opinion ; s'il n'est pas
possible de l'étouffer sous les ténèbres, hâtez-vous
de l'inonder d'un torrent de lumières.

L'opinion, qui ne voit pas à se conduire, ne
manque jamais de se laisser mener ; et, passant
au pouvoir de quelque faction, devenant un instrument servile, est entraînée par des suggestions
étrangères au-delà du terme où se serait arrêtée
la passion même.

Il a y un aveu bien remarquable à cet égard :
« Si je n'avais jamais fait que ce que je voulais
faire, j'aurais été plus vertueux, plus heureux. »

Il faut donner à la nation française, en imitation
du grand exemple de l'Angleterre, l'éducation
du bon sens ; il faut l'amener peu à peu à saisir la
vérité des choses et à se défier de l'éclat des

phrases ; il faut obtenir qu'elle se fasse une opinion, que son opinion tourne en volonté, que sa
volonté entre en action.

Enseignez à lire, excitez à lire, fournissez à lire.
Dans les sciences physiques, un mot comprend
tout : voir. En morale, en politique, ce mot est
ainsi traduit : lire.

Lire, invite à comparer, à réfléchir, empêche de
s'aveugler soi-même et d'être trompé par les autres.

Lire ou entendre par les yeux, ne porte pas le
danger ou plutôt préserve du danger d'entendre
par l'oreille ; car la parole imprimée est à la fois
plus épurée et moins enivrante que la parole prononcée.

Lire mal, est synonyme de lire peu ; lire bien,
est identique avec lire beaucoup. Un peu de
science, a dit un grand homme, éloigne de la religion ; beaucoup de science y ramène.

Or, dans les temps où nous vivons, entre les
bords stériles de l'ignorance et les rians coteaux de
l'intelligence, un seul pont est jeté, si étroit, si
glissant, que les garde-fous n'empêchent pas d'être
troublé par les bruits de l'abîme. Les journaux
font la planche : qu'on se garde bien de la briser ou de la retirer ; il convient plutôt de l'affermir, de l'élargir. Le passage sera plus souvent
franchi, d'autant qu'il y aura moins de risque à
tourner de tête, à faire quelque faux pas.

RÉSUMÉ.

On serait tenté de croire que l'esprit du ministre se sent frappé de quelques sinistres augures, tant ses paroles sont amères.

« Cette reine du monde qu'on a appelée l'opinion, sera personnifiée pour nous : *Nous l'avons ;* ce sont les journaux qui la proclament, il ne reste plus qu'à s'y soumettre... Cette prétendue reine du monde, est une puissance sans doute, mais non pas une puissance invincible; c'est une puissance qui, pour être renversée, n'a besoin que d'être envisagée sans crainte. » (*Étoile*, du 24 avril.)

Il dit : et soudain, le plan combiné par lui-même, contre la reine du monde, est amendé, est annulé plutôt, et ne passe néanmoins qu'à la majorité de vingt voix.

C'est que la reine du monde, en dépit de la révolte des gardiens du sérail, ne perd jamais ses droits.

C'est que l'opinion, long-temps expulsée des Chambres et réduite à courir les rues, est rappelée à l'empire.

C'est que l'effervescence populaire, poussée au delà de toute mesure, en rappelant des temps orageux, a jeté un trait de lumière.

Les suites sont faciles à prévoir.

Or, la question relative aux journaux, ne pouvait être entendue par ceux-là qui ont agité la France pendant quatre mois, qui ont fatigué une Chambre et soulevé l'autre, pour rien.

Elle reste entière, car le projet de loi n'avait servi que de thème. Elle attend plus de faveur, de la nouvelle administration.

Chose étrange ! on ne veut pas du gouvernement des journaux, oligarchie honteuse autant que funeste : et ce sont les ministres qui l'ont fondé, en mettant toute une nation, en hostilité ; ce sont les Chambres qui les outiennent, en prohibant les luttes de la concurrence.

En vain la vérité se présente devant les pouvoirs, forte du droit qui lui fut donné, de saisir, d'enlever les esprits : elle porte la conviction et la conviction ne règle pas la conduite.

En vain l'erreur prodigue en artifices, flatte, égare, tourmente les peuples : la loi se plaît à l'investir du monopole, à la couvrir contre les assauts de la vérité.

Eh bien ! avec des pouvoirs qui laissent aller, avec des peuples qui se laissent mener, l'État languit et périt. Si le cœur ne bat plus, si l'estomac ne digère plus, quels pronostics !

Cependant la règle a été posée en 1817 par M. le vicomte de Bonald, a été accueillie par tous les bons esprits, a été confirmée par la leçon des temps.

« La liberté illimitée de penser et d'écrire devint un axiome du droit public de l'Europe, un article fondamental de toutes les constitutions, un principe enfin de l'ordre social. »

Et dans les premières parties de cet écrit, les moyens d'exécution ont été esquissés.

En rétablissant la liberté de publier des journaux, en abolissant le cautionnement et le timbre, en réduisant le tarif de la poste et permettant tout autre mode d'envoi, en assurant le même accueil aux bureaux de service :

On aura des journaux à trois fois par semaine ; des journaux dans une forme nouvelle ; des journaux du soir extraits des autres ; des journaux rivaux dans la même opinion ; des journaux critiques, quant aux feuilles opposées ; enfin des journaux en *errata*.

En abrégeant la peine de prison et laissant toute latitude pour les amendes, en appliquant la suspension et la suppression, en poursuivant en justice la réapparition, en donnant le droit de suspendre l'autorisation, en conservant la censure, sauf à rendre compte des motifs :

On aura une répression prompte, exacte, rigide, par les cours de justice ; sous le coup de laquelle cesseront tous les écarts, tous les excès, tous les périls ; à l'abri de laquelle s'accompliront les vœux, les conseils du célèbre écrivain

« Il faut prendre un gouvernement tout entier ;

« On doit laisser au citoyen quelque abri contre un pouvoir si illimité ;

« L'État peut périr par ce qu'ils ne disent pas (les journaux) ;

« La libre circulation des journaux est la sauve garde de l'État ;

« Ce n'est pas trop du public tout entier pour balancer un pouvoir immense ;

« L'intérêt de la nation est que les ministres soient éclairés ;

« L'opposition des journaux amuse les partis et trompe les haines ;

« Les partis ne se croient pas perdus tant qu'ils peuvent parler ;

« L'autorité devrait plutôt punir pour ne pas tant surveiller ;

« La répression légale des journaux est préférable à la surveillance ;

« Il faudrait que la justice fît la police, et non pas que la police fît la justice. »

FIN.

A. PIHAN DELAFOREST,

Imprimeur de M. le Dauphin et de la Cour de Cassation, rue des Noyers, n° 37.

www.ingramcontent.com/pod-product-compliance
Ingram Content Group UK Ltd.
Pitfield, Milton Keynes, MK11 3LW, UK
UKHW021632170726
13836UKWH00005B/2171